大学入試
現代文・
実践編

別冊付
書き込み式学習で
偏差値アップ！

読解ラボ東京代表
長島康二［著］

ごま書房新社

はじめに

現代文講師の長島です。よろしくお願いいたします。本書は、2020年3月に出版された「大学入試現代文・入門　書き込み式学習で偏差値アップ」という参考書の続編です。前作も今作も、解説中に「本文のココに線を引きましょう」といった指示が出てきます。そういった書き込みをするための別冊を付けておりますので、指示通りに書き込みながら学習していただければ幸いです。

そもそも、なぜこの形式の参考書を企画したか、その意図を簡単にご説明いたします。入試現代文というものは、つまるところ答え探しゲームです。ほとんどの場合、本文のどこかに答えに当たるところが存在します。選択肢の問題であればそこと合致する選択肢を選べばＯＫですし、記述であればそこを答えに入れてあげることになります。

そういった意味では、ダメそうな選択肢を削っていく消去法には限界があると言えるでしょう。どんな内容が答えになるかを掴んでいなければ、適切に選択肢を切ることもままなりません。

そして、答え探しをする際には、本文に印をつけながら探していくといいと思います。頭の中ですべて処理するのには限界があります。また、答え探しをしていくときは、ある程度視野狭窄的になるべきです。入試現代文で出題される文章は非常に難解です。「この内容を探すんだ」と見つける内容を絞っておかないと、うまく対応できません。視野をうまく絞るためにも、線を引き「この内容を探そう！」と考えていくのが有効です。

本書では、受験現代文独特の解き方を説明しながら、実際に皆さんの手を使ってもらいつつ学習を進めていきます。それによって、しかるべきところに印をつけられるようになり、答えを探す能力が養われます。その学習効果にご期待いただければ幸いです。

難易度についてですが、今回は「入門」の続編ということで、前作よりも難易度を上げております。今回は偏差値50前後の方を60前後に引き上げるという目的で問題を選定しております。

なお、最初の問題（第一講）は標準的なＭＡＲＣＨの問題になります。なかなかの難易度だと思います。そして、第二講は控えめの難易度で、それ以降徐々に難しくなっていくというイメージです。最初の第一講で求められるレベルを示し、第二講以降でそこに向けてステップアップする形が望ましいと考え、そのようなスタイルにしました。

ただ、第一講から高難易度だと、しんどくなるのも確かだと思います。そこで、第一講の解説動画を収録しました。表紙にＱＲコードを載せてあります。第一講の問題を解き終わったら、そのＱＲコードを読み取り、動画をご覧ください。そのうえで本書の解説をお読みいただければ、しっかりと内容を消化できると思います。それでは、まずは第一講から、頑張っていきましょう。

２０２１年　９月５日

長島　康二

目次

大学入試　現代文・実践編　―書き込み式学習で偏差値アップ！―　◆目次

書き込み用別冊

第一講

第一講〈問題〉

歌をうたうことは、ほとんどすべての社会で見出される。喜びや悲しみ、怒りや絶望、労働の楽しみや辛さ、祈りや希望、美しい風景や忘れえぬ出来事、さまざまな感情や出来事を、人間の社会は言葉をリズムとメロディに乗せた「歌」という形で表現し、うたい、伝承してきた。だが、ここで考えたいのは歌という表現の［X］性についてではない。人が歌をうたうときそこでうたっているのは誰なのか？歌の言葉はいったい誰の言葉なのかということを、ここでは考えてみたいのである。

歌の言葉は誰のものなのだろうか？

歌を作った人のものだろうか？

多くの場合私たちは、自分で作ったのではなく他人の手になる歌をうたう。にもかかわらず私たちは、しばしばそうした歌を、私の心情を表現する私自身の言葉のように、1文字どおり〝私の歌〟としてうたうことがある。その言葉が私の現在の状況や心情と重なりあうものではないにもかかわらず、その歌をうたうことでそうした状況や心情をまさに我がことのように感じ、うたうこともある。自分自身でうたわなくとも、誰かがうたう歌を、まさに私の気持ちを表わしたものであるかのように聴き、ときに涙することもある。自分の中で言葉にならず、形を与えられなかった感情が、ある歌の中に見出されてしまうこともある。独りではなく複数の人間とともに同じ歌をうたい、あるいは聴くとき、それによって、場合によってはそれまで見も知らぬ他人であった人びととの間で、同じ歌の言葉が「私たちの言葉」であるかのように響くこともある。こうしたとき、歌の言葉は他人の言葉であると同時に私の言葉や私たちの言葉として、ときに私自身が自ら発する言葉よりもはるかに私の心と共鳴し、自他の間を流れ、結ぶものとしてうたわれ、聴かれるのである。

優れた歌い手とは、他人の言葉を我が言葉としてうたい、聴く者にもその歌を、まさに我が歌として聴かせることができる者のことだろう。そのとき、うたっているのはその歌い手なのだろうか？　それとも歌が、歌い手の口を借りてうたっているのだろうか？

そもそも民衆の間に伝承されてきた歌は、特定の誰かに帰属する言葉ではなく、その歌をうたいついできた人びとの集団に帰属する言葉である。このことは、多くの人びとに聴かれ、口ずさまれる今日の流行歌についても言える。なるほど、現代の流行歌には作詞者や作曲者、特定の歌い手があり、彼らの権利は①チョ作権によって守られている。その意味では現代の歌は法権利上、作詞者と作曲者と、歌い手のものだと言える。だがしかし、その歌が多くの人びとによって〝私の歌〟や〝私たちの歌〟として聴かれ、うたわれるとき、その歌の言葉は、法権利上はともかく歌をうたう営みにおいては、それを聴き、うたう個々の人びとの、そして彼らのあつまりとしての大衆のものになっている。ある歌をうたい、共有することを通じて人は、共時的な、そして通時的な広がりの中で他の人びとともにある関係を生きるのだ。

きわめて個人的な気持ちや思いをうたう歌が、多くの人の心を捉え、口ずさまれるものにもなりうる。そしてまた、私を超えた「我われ」の言葉としての歌の言葉が、私の口を通じて「我われの歌」としてうたわれることもある。だからこそ、ある歌をともにうたわされることが、私の意に染まない「我われ」へと私たちを②ドウ員するために利用されることもある。

歌の言葉は私たちの外側にあると同時に、私たちの内側にある。それは他人が作った言葉として私たちの外側からやってきて、私たちの中に入り込み、私たちの心情と共鳴し、私たちの言葉としてうたわれる。

私が歌の作り手で、私自身が作った歌をうたう場合でも、このことは変わらない。なぜなら、私が自分の歌を作るその言葉は、私が自分で作り出した言葉ではなく、かつて私がその中に赤ん坊として産み落とされ、他人たちが話すのを聞いて覚え、習得していった「他者の言葉」であるからだ。私が作る歌の言葉は、かつて私が聞いた言葉の群れから選び出される。そしてそれは、聞き手の中で、聞き手がかつて聞いたさまざまな言葉の群れと共振し、共鳴する言葉として聞かれるだろう。個々の歌は、その歌が作られる言語の大海の中に浮かんだ島、あるいは共時的、通時的に広がる「私たちの言葉」の大地の上に芽生え、花開いた草木のようなものだ。そして歌をうたい、また聴く人びともまた、そうした言語の大海に浸かり、大地に根を張ってその歌をうたい、聴く。

だから歌を聴き、うたうとき、人は歌の経験を通じて社会を生きている。歌とは、そのような生きられる社会の経験である。歌をうたうとき、私たちは他者たちの言葉を我が言葉、我らが言葉としてうたうのであり、そうした歌の言葉によって「うたう私」や「うたう我ら」になり、歌の経験を他者とともにある関係として生きる。それは別の言い方をすれば、2歌にうたわれることによって「うたう私」「うたう我ら」として他者たちとともにある関係を生きるということである。このとき人は、歌に対して能動的であると同時に受動的である。人は歌によって感情や出来事を表現し、伝達するが、同時にまた歌によってある感情や出来事を我がものとしてうたわされ、生きさせられるのだ。

このことは、けれども歌だけにあてはまるのではない。それは言葉一般に、私たちが話し、語り、読み、そして考えること全般について言えることだ。

私たちは言葉を話す主体であると同時に、言葉によって話しかけられる客体であり、言葉を話させられる媒体なのだ。ここで「媒体」というのは、歌の言葉のように私の外側から来た言葉が、私を通じてうたわれるようなあり方のことを意味している。たとえば社会学者としての私は、社会学の言葉を自ら語る主体であるけれども、それはまた、私を通じて社会学の言葉がしゃべっているということでもある。これを「憑③イ」と呼んでもよいだろう。ある言葉を語るとは、ある言葉が語り手にとり憑いて、その言葉を語る巫者や霊媒のような存在にすることだ。英語で「媒体」を意味するmediumには「霊媒」という意味もある。神や精霊、あるいは死者に憑かれた巫者や霊媒は、まさにとり憑いた神や精霊や死者となってその口から語るのである。

すでに言語のある世界の中に生み出されるという意味では、3言語は私たちに先立って存在するが、個々人の成育に即して言えば言語は私たちの身体に後から宿り、身体と身体の関係を仲立ちする特定の場としての［Y］、おしゃべりやお話や物語や小説や、その他さまざまな言葉の世界を形作ってゆく。語り継がれる言葉を基点にして考えると、私たちの身体は言語が宿り、それを通じて語るという意味で言語にとっての媒体だが、私たちの身体を基点として考えるならば、言語は身体間の関係を媒④カイし、身体と身体の間の働きかけや、身体と世界との関係に多様な意味を与え、複雑化してゆく媒体なのだ。言語は私たちの中にあると同時に、私たちの間にあって、私たちの生きる世界を形作るのである。

（若林幹夫「うたっているのは誰？」による）

問一 ①〜④のカタカナの部分の漢字と同じ漢字を含むものを、それぞれの群から一つずつ選べ。

① チョ作権
A チョ蓄をする
B チョ名な作家になる
C 情チョが安定する
D チョ突猛進する

② ドウ員
A ドウ盟を結ぶ
B ドウ入部分を書く
C 鍾乳ドウを訪れる
D ドウ機を語る

③ 憑イ
A 講演をイ頼する
B 死者をイ霊する
C 核兵器のイ力を感じる
D 仕事をイ嘱する

④ 媒カイ
A 大海をカイ遊する
B 事件にカイ入する
C 仕事をカイ雇される
D カイ速電車に乗る

問二　空欄[X]に当てはまる言葉として、最も適切なものを次の中から一つ選べ。

A　個別　B　全体　C　特殊　D　普遍

問三　傍線1「文字どおり」と同じ意味になる四字熟語を次の中から一つ選べ。

A　異口同音　B　徹頭徹尾　C　正真正銘　D　一字一句

問四　傍線2「歌にうたわれる」とあるが、そのような状態にあるものを、筆者は何と言っているか。最も適切なものを次の中から一つ選べ。

A　主体　B　客体　C　霊媒　D　精霊

問五　傍線3「言語は私たちに先立って存在する」とあるが、「私たちに先立って存在する」言語の状態を説明している比喩表現として、最も適切なものを次の中から一つ選べ。

A　島　B　大地　C　草木　D　根

問六　空欄[Y]に当てはまる言葉として、最も適切なものを次の中から一つ選べ。

A　言語的シンボルの世界
B　言語的ダイナミズムの世界
C　言語的フィクションの世界
D　言語的コミュニケーションの世界

MEMO

第一講〈解説〉

問一

漢字の問題なので、記号のみ記します。①B、②D、③A、④B

問二

空欄Xに入る言葉を考える問題です。このような問題では、まず空欄の前後を読み、空欄とイコールの内容をつかむことが大切です。実際にやってみましょう。まずは空欄Xの前後に線を引きましょう。「だが、ここで考えたいのは歌という表現の X 性についてではない。」とあります。要するに、ここまでは歌のX性を述べていたけど、そのX性について述べたいわけではないよ、と言っているのです。ここから、空欄X＝「これより前に書かれていた歌の特徴（①と置きます）」だとわかります。ここまでわかったら、今度はその①とイコールの内容を考えます。冒頭の「歌をうたうことは、ほとんどすべての社会で見出される。」に線を引きましょう。ほとんどすべての社会が歌っているのです。要するに、①「空欄Xより前に書かれていた歌の特徴」＝ほとんどの社会で行われていること（②）になります。X＝①で、①＝②ですから、X＝②が成り立ちます。Xと②はどちらも①だからです。このような考え方を三段論法と呼びます。この考え方を式で表してみましょう。

X＝①
①＝②
→X＝②

この後も頻繁に登場する、入試現代文定番の考え方です。よく押さえておきましょう。いずれにせよ、X＝②ですから、②と合致するものが答えです。Dの普遍ですね。これが正解です。普遍という言葉は、「いつでも、だれでも、どこでも同じ」という意味です。②も「どの社会でも同じだよ」という内容ですから、確かに「普遍」と合致しています。

問三

傍線1の文字どおりは「本当に」という意味で使われていますから、Cが答えです。

問四

「歌にうたわれている状態にあるもの」って何？と聞いている問題です。まずは、傍線②からに線を引きましょう。「2歌にうたわれることによって『うたう私』『うたう我ら』として他者たちとともにある関係を生きるということである。」とありました。ここから、歌に歌われているとは、他者とともにある状態なのだとわかります。では、他者とともにあるものは何でしょうか。傍線3の少し前に「神や精霊、あるいは死者に憑かれた巫者や霊媒」とあります。ここに線を引きます。巫者や霊媒は、神などの他者と一緒にいますね。ということで、答えは巫者や霊媒ですから、Cが正解です。

問五

私たちに先立って存在している言語の状態（Xと置きます）を説明している比喩表現を答える問題です。そもそも、説明しているとはどういうことでしょうか。結論から言うと、イコールの内容になっているということです。「イケメン」を説明したら「かっこいい男性」になりますが、両者は同内容なのでイコールです。ということで、今回はXとイコールになる比喩表現を探していきます。傍線②「ドウ員」の少し後に「私が自分の歌を作るその言葉は、私が自分で作り出した言葉ではなく、かつて私がその中に赤ん坊として産み落とされ、他人たちが話すのを聞いて覚え、習得していった『他者の言葉』であるからだ。」とあります。カッコで囲んでいただければと思います。ここを見れば、私たちに先立って存在している言語とは「他者の言葉」だったとわかりますね。また、線を引いておきましたが、そこを見れば、他者の言葉とは、歌のもとになるものです。したがって、X「私たちに先立って存在している言語の状態」＝「他者の言葉の状態（Y）」で、Y「他者の言葉の状態」＝歌のもとになっている状態（Z）です。これで先にご紹介した三段論法が使えますね。X＝Zですから、Zと合致する内容を探していけばOKです。先ほどカッコで囲んだ。ここで、元になっているものは大海と大地ですね。このいずれかが答えになりますので、**B**が答えです。

問六

空欄Yに入る言葉を考える問題です。直前からに線を引いてください。「仲立ちする特定の場としての［Y］」とあります。ここから、Y＝仲立ちする場です。仲立ちするというのは、つなぐということですね。それと合致するのは**D**ですね。たしかにコミュニケーションすれば、つながりが生まれますよね。

解答

問一　①B、②D、③A、④B　問二　D　問三　C　問四　C　問五　B　問六　D

第二講

第二講〈問題〉

仕事柄、現代の若者たちのコミュニケーション問題について、たくさんのインタビューを受ける。マスコミは当然、「いまどきの若者のコミュニケーション能力は危機に瀕している」とか、「子どもたちのコミュニケーション能力が急速に低下している」といったセンセーショナルな文言を並べたがる。しかし、実際には、多くの言語学者、社会学者に聞いても、彼らが良心的な研究者であればあるほど、そういった学問的な統計は出してこない。

もちろん「近頃の若者は、コミュニケーション能力が低下していると思いますか？」といった類の、印象だけを聞くアンケート調査なら、「低下」「著しく低下」といった回答が多く出てくるだろうが、しかしそれを根拠づける学問的統計は(a)カブンにして聞いたことがない。

では、いったい、何が問題になっているのだろうか。私は、現今の「コミュニケーション問題」は、大きく二つのポイントから見ていくべきだと考えている。一つは「①コミュニケーション問題の顕在化」という視点。もう一つは、「コミュニケーション能力の多様化」という視点。

若者全体のコミュニケーション能力は、どちらかと言えば向上している。「近頃の若者は……」としたり顔で言うオヤジ評論家たちには、「でも、あなたたちより、いまの子たちの方がダンスはうまいですよ」と言ってあげたいといつも私は思う。人間の気持ちを表現するのに、言葉ではなく、たとえばダンスをもって最高の表現とする文化体系であれば（いや、実際に、そういう国はいくらでもあるだろう）、日本の中高年の男性は、もっともコミュニケーション能力の低い劣った部族ということになるだろう。リズム感や音感は、いまの子どもたちの方が明らかに発達しているし、ファッションのセンスもいい。異文化コミュニケーションの経験値も高い。けっしていまの若者たちは、表現力もコミュニケーション能力も低下していない。
事態は、実は、逆なのではないか。全体のコミュニケーション能力が上がっているからこそ、見えてくる問題があるのだと私は考えている。それを私は、「コミュニケーション問題の[1]顕在化」と呼んできた。さほど難しい話ではない。どんなに若者のコミュニケーション能力が向上したとしても、やはり一定数、口べたな人はいるということだ。これらの人びとは、かつては、旋盤工やオフセット印刷といった高度な技術を身につけ、文字通り「手に職をつける」ことによって生涯を保証されていた。しかし、いまや日本の製造業はじり貧の状態で、こういった職人の卵たちの就職が極めて厳しい状態になってきている。現在は、多くの工業高校で（工業高校だからこそ）、就職の事前指導に力を入れ面接の練習などを入念に行っている。しかし、つい十数年前までは、「無口な職人」とは、プラスのイメージではなかったか。それがいつの間にか、無口では就職できない世知辛い世の中になってしまった。いままでは問題にならなかったレベルの生徒が問題になる。これが「コミュニケーション問題の顕在化」だ。

あるいは、コミュニケーション教育に関する私の講習会に来ていた現役の先生からは、こんな質問を受けたこともある。

「少し誤解を受けやすい表現になってしまいますが、たとえば自閉症の子どもなら、周囲もそのように接しますし、教員も、できる限りのコミュニケーション能力をつけてあげたいと努力します。でも一方で、必ず、クラスに一人か二人、無口な子、おとなしい子がいます。こういった子は、学力が極端に劣るわけでもないし、問題行動があるわけでもない。いままでは、いわば見過ごされてきた層です。そんな子どもたちにも、小学校からコミュニケーション教育を行った方がいいでしょうか？たしかに、将来、就職とかは、不利になりそうだとは思うのですが……」

これは悩ましい問題だ。ただ、たとえばこう考えてはどうだろう。世間でコミュニケーション能力と呼ばれるものの大半は、スキルやマナーの問題と捉えて解決できる。だとすればそれは、教育可能な事柄となる。そう考えていけば、「理科の苦手な子」「音楽の苦手な子」と同じレベルで、「コミュニケーションの苦手な子」という捉え方もできるはずだ。そして「苦手科目の克服」ということなら、どんな子どもでも、あるいはどんな教師でも、普通に取り組んでいる課題であって、それほど深刻に考える必要はない。日本では、コミュニケーション能力を先天的で決定的な個人の資質、あるいは本人の努力など人格に関わる深刻なものと捉える傾向があり、それが問題を無用に複雑化していると私は感じている。

理科の授業が多少苦手だからといって、その子の人格に問題があるとは誰も思わない。音楽が多少苦手な子でも、きちんとした指導を受ければカスタネットは叩けるようになるし、縦笛も吹けるようになるだろう。誰もがモーツァルトのピアノソナタを弾ける必要はなく、できれば中学卒業までに縦笛ぐらいは吹けるようになっておこうよ、現代社会では、それくらいの音感やリズム感は必要だからというのが、社会的なコンセンサスであり、義務教育の役割だ。

だとすれば、コミュニケーション教育もまた、その程度のものだと考えられないか。コミュニケーション教育は、ペラペラと口のうまい子どもを作る教育ではない。口べたな子でも、現代社会で生きていくための最低限の能力を身につけさせるための教育だ。口べたな子どもが、人格に問題があるわけでもない。だから、そういう子どもは、あと少しだけ、はっきりとものが言えるようにしてあげればいい。コミュニケーション教育に、過度な期待をしてはならない。その程度のものだ。その程度のものであることが重要だ。

ただ、この「コミュニケーション問題の顕在化」は、新卒者の就職などに限ったことではない。製造業に従事する方たちが失職すると再就職が難しいのも、多くの場合、コミュニケーション能力の問題が強く関係している。

いま、日本の労働人口の七割は、第三次産業に就いている。サービス業、人と関わる仕事では、コミュニケーション能力や柔軟性が不可欠だが、製造業に従事してきた方は、この分野が少し「苦手」だ。繰り返し言うが、これは人格の問題などとはまったく関係がない、「音楽が苦手」といった程度の問題だ。しかし現在、「その程度の能力の問題」が、就職の必要条件となっている以上、転職においても、その事情は同様で、だから製造業を失職した方々は、結局、こういった能力が問われない職業に就職先が限られてしまう。

さらに実は、これは製造業に関わる人びとの問題とも限らなくなってきている。カンヌ国際映画祭で「ある視点」部門(b)シンサ員賞を獲得した『トウキョウソナタ』(黒沢清監督)という映画をご覧になったことがあるだろうか。香川照之さん演ずるこの映画の主人公は、一流企業の総務課長だったが、リストラの憂き目にあってしまう。いったん企業を離れると、再就職しようにも、典型的な日本の企業人間だった彼は自己アピールの一つもできず、面接にことごとく落ちていく。そして結局この主人公は、妻に内緒でビルの清掃業務に就く。警備員でも清掃員でも、もとより職業に2貴賤はないが、しかし職業選択の幅が極端に狭くなってしまうことは、個々人にとっては、やはり不幸なことだろう。

②産業構造が大きく変わったにもかかわらず、日本の教育制度は、工業立国のスタイルのままではないか。上司の言うことを聞いて黙々と働く産業戦士だけを育てるような教育を続けていては、この問題はどこまでいっても解決はしない。製造業関連の失職者の再就職難や＊派遣法の問題は、根本的には、コミュニケーション教育を(c)ホウキしてきた教育行政の失政だと言えるだろう。その失政のつけを、個々人が払わされる謂《いわ》れはない。「コミュニケーション能力がないとされる人間が就職できないのは不当な差別だ」といった論調も現実にある。私はこの心情には強く共感するが、教育の現場にいる人間としては、やはりその主張を全面的に受け入れるわけにもいかない。教育の役割は、社会の要請に応じて、最低限度の生きるためのスキルを子どもたちに身につけさせて世間に送り出すことだからだ。だから私は、市場原理ともどうにか折りあいをつけながら、この「コミュニケーション問題の顕在化」という事象に向かいあっていきたいと思う。たとえばそれは、以下のような方策だ。

先に掲げた「失政」の、もっとも深い犠牲者となってしまった中高年の製造業従事者に関しては、保護政策として、いわゆる派遣法などを適用せずに、正規雇用を増やしていく。雇用をどうにかして守るために、いままで以上の*ワークシェアリングを進める必要もあるだろう。そして、運悪く失職してしまった方々には、さらに手厚い雇用保険などの支給策を考えるべきだ。

一方で、いまからでも人生の路線変更が可能な若年層には、小手先の職業訓練ではなく、コミュニケーション教育を徹底して行っていく。ペラペラと喋れるようになる必要はない。きちんと自己紹介ができる。必要に応じて大きな声が出せる。繰り返すが、「その程度のこと」でいいのだ。「その程度のこと」を楽しく学んでいくすべはきっとある。

さて、ではもう一点の「コミュニケーション能力の多様化」とは何だろう。これは、日本人のライフスタイルが多様化したために、子どもたち一人ひとりも、得意とするコミュニケーションの3範疇が多様化しているという現象を指す。

たとえば、二〇年ほど前までは一人っ子は圧倒的に少数派だったが、いまではクラスの二、三割を占めている。おじいさん、おばあさんと一緒に暮らしているかどうか。近所に親戚がいるか。商店街で育ったか、団地で育ったか、セキュリティの厳しいマンションで育ったか。帰国子女も必ずいるだろうし、日本語を母語としない子どもも珍しくはない。そういったライフスタイルの多様化の中で、たとえば、大学に入るまで、親と教員以外の大人と話したことがなかったという学生が一定数、存在するのだ。あるいは、母親以外の年上の異性とほとんど話したことがないという男子学生も意外なほどに多い。

いま、(d)チュウケン大学では、就職に強い学生は二つのタイプしかないと言われている。一つは体育会系の学生、もう一つはアルバイトをたくさん経験してきた学生。要するに、大人（年長者）とのつきあいに慣れている学生ということだ。これもまた、「そんなものは企業に都合のいい人材というだけのことではないか」という批判があることは十分に承知している。私もその批判は正しいと思うが、これが就職活動の現実なのだ。だとすれば、「そんなものは、慣れてしまえばいいではないか」と私は思う。ここで求められているコミュニケーション能力は、せいぜい「慣れ」のレベルであって、これもまた、人格などの問題ではない。そうであるならば、「就職差別だ」「企業の論理のゴリ押しだ」と騒ぐ前に、慣れてしまえばいいではないか。

だから大学でも大学院でも、コミュニケーション教育がどうしても必要になってくる。一人っ子で、両親の4寵愛を一身に集め、セキュリティの厳しいマンションで育った中高一貫男子進学校の「恵まれない子どもたち」のためにも。

（平田オリザ『わかりあえないことから』より。文章を一部改変した）

＊ 派遣法…正式名称は「労働者派遣事業の適正な運営の確保及び派遣労働者の保護等に関する法律」。

＊ ワークシェアリング…総量の決まった仕事を多くの人で分かち合うこと。各々の労働時間を短くするのが典型的な方法である。

問一　傍線部①「コミュニケーション問題の顕在化」の説明として最も適切なものをつぎの中から選べ。

ア　日本の中高年の男性のコミュニケーション能力の低さが明らかになったために、若者のコミュニケーション能力の高さが目立つようになったということ。

イ　教師たちがコミュニケーション能力に敏感になったために、クラスの無口でおとなしい生徒のコミュニケーション能力の低さを見過ごさずに検知できるようになったということ。

ウ　社会全体のコミュニケーション能力が上がったために、今まで問題にならなかった程度のコミュニケーション能力の低さまで問題とされるようになったということ。

エ　コミュニケーション能力が低いとされる人間が就職しにくいという状況が深刻化したために、それを不当な差別だと指摘する声が教育現場でよく聞かれるようになったということ。

オ　職人の卵たちが工業高校で適切な就職指導を受けられないために、面接でコミュニケーション能力を発揮できないというケースがよく見られるようになったということ。

問二　傍線部②「産業構造が大きく変わったにもかかわらず、日本の教育制度は工業立国のスタイルのままではないか」とあるが、その説明として最も適切なものをつぎの中から選べ。

ア　典型的な企業人間だった人たちは再就職の際に必要なコミュニケーション能力に欠けているにもかかわらず、それを補う教育制度がいまだに整っていないということ。

イ　製造業から第三次産業へと産業の中心が変わっているにもかかわらず、日本の教育制度では手先の器用な製造業従事者の養成が重視され続けているということ。

ウ　従来の教育制度がコミュニケーション能力の低い中高年の男性を生み出してきたにもかかわらず、それが維持されているために若者のコミュニケーション能力が伸びないということ。

エ　労働人口の七割がコミュニケーション能力を必要とする第三次産業に就いているにもかかわらず、日本の教育制度ではコミュニケーション教育がいまだに重視されていないということ。

オ　製造業関連の失職者の再就職難は教育行政の失政だと考えられるにもかかわらず、個人のレベルではその点がまだよく認識されていないということ。

問三　波線部「その程度のものだ。その程度のものであることが重要だ」とあるが、筆者がそのように念を押しているのはなぜか。その理由をつぎの形式にしたがって二十五字以上三十五字以内でまとめよ。ただし、読点や記号も一字と数える。
コミュニケーション能力は　一般的に、［　　　　　　　　　　］傾向があるから。

問四　つぎのア〜オの各文につき、本文の内容に合致するものにはAを、合致しないものにはBをそれぞれ選べ。
ア　若者のコミュニケーション能力が低下していると指摘する言語学者や社会学者が提示する統計は信用できない。
イ　若者全体のコミュニケーション能力が上昇するにつれて口べたな人の数は減少してきている。
ウ　コミュニケーション能力の低さが再就職の際に職業選択の幅を狭めてしまうのは、製造業従事者の場合だけではない。
エ　製造業従事者のコミュニケーション能力を向上させ、彼らの再就職を容易にする政策がとられるべきだ。
オ　ライフスタイルが多様化するとともに、年長者とのコミュニケーションに慣れていない若者が一定数生じている。

問五　二重傍線部1〜4の漢字の読みとして正しいものをつぎの中からそれぞれ選べ。
1　顕在化　ア　しょうざいか　イ　けんざいか　ウ　しつざいか　エ　けいざいか　オ　せんざいか
2　貴賤　ア　きさん　イ　きざい　ウ　きせん　エ　きたん　オ　きそん
3　範疇　ア　はんじゅ　イ　はんそう　ウ　はんちゅう　エ　はんちょう　オ　はんと
4　寵愛　ア　ろうあい　イ　ちょうあい　ウ　りゅうあい　エ　しゅうあい　オ　りょうあい

問六　二重傍線部（a）〜（d）を漢字に直せ。

第二講〈解説〉

問一

傍線①「コミュニケーション問題の顕在化」の説明を求めているので、傍線①とイコールの内容を考えます。この問題で学ぶべきことは、「同じ言葉があるところは怪しい」という視点です。

まずは、傍線①がある段落の次の段落に注目です。その段落の初めの方ですが、「それを私は、『コミュニケーション問題の顕在化』と呼んできた」とあります。傍線①と全く同じ言葉が出ています。ここに線を引き、「それ」をマルで囲みましょう。ここを見れば、傍線①「コミュニケーション問題の顕在化」＝それ（X）になります。そして、Xの直前ですが「全体のコミュニケーション能力が上がっているからこそ、見えてくる問題」とありますので、ここに線を引きましょう。要は、X「それ」＝「全体のコミュニケーション能力が上がっているからこそ、見えてくる問題（Y）」だったということです。三段論法を使えば、Yが答えだとわかります。

ただ、これだけでは「問題」がなんなのかわかりませんので、不十分です。さらに次の段落、最後の文をご覧ください。「これが『コミュニケーション問題の顕在化』だ」とあります。また傍線①と同じ言葉が出てきました。ここに線を引き、「これ」をマルで囲みます。そして、直前にある「いままでは問題にならなかったレベルの生徒が問題になる（Z）」に線を引きます。傍線①＝「これ」で、これ＝「いままでは問題にならなかったレベルの生徒が問題になる（Z）」ですから、やはり三段論法でZも答えだということになります。以上より、YとZが答えの条件ですから、その二点をおさえている**ウ**が正解でした。

問二

傍線②の説明を求めているので、傍線②とイコールの内容を考えます。今回は「ブロック分け」というアプローチで対処します。文中から傍線②を見つけ、前半の「産業構造が大きく変わった」をカッコで囲みます。そして後半の「日本の教育制度は、工業立国のスタイルのままではないか」も同じくカッコで囲みましょう。要するに、傍線を前半と後半の二つに分け、それぞれとイコールの内容を考えていくのです。そして、最後につかんだ内容をくっつけてあげれば、傍線とイコールの内容の出来上がり、というわけです。今回は二ブロックに分けましたが、場合によっては、三ブロック、四ブロックに分けていくこともあります。

それでは、前半から考えてきましょう。波線の少し後ろに「いま、日本の労働人口の七割は、第三次産業に就いている」とありました。これに線を引いてください。こう言っているということは、昔はもっと第三次産業従事者が少なかったのでしょう。そうであるならば、これは「産業構造が変わった」ということですから、前半とイコールです。

では、後半に行きましょう。後半では、教育制度が変わってないと述べていますね。昔の教育はどのようなものだったのでしょうか。傍線②の直後に注目です。「上司の言うことを聞いて黙々と働く産業戦士だけを育てるような教育を続けていては」とあります。黙々と働いているということは、コミュニケーションも取っていないでしょう。ということで、ここから、昔の教育とは、コミュ力を鍛えていない教育だったと読み取れます。つまり、後半「日本の教育制度は、工業立国のスタイルのままではないか」＝「コミュ力を鍛えないままではないか」という意味だったということです。

まとめると、傍線②＝「第三次産業に従事する人が増えたのに、コミュ力を鍛えない教育を続けている」になりますから、**エ**が正解になります。

問三

空欄に入る言葉を考える問題です。このテキストでは初めて出てくる記述の問題ですね。まずは設問の後にある、空欄の前後をご覧ください。お読みいただければ、空欄＝コミュ力に関する一般的な傾向（X）だとわかります。あとはこのXとイコールの内容を考えて、三段論法を使って終了です。波線がある段落の二段落前、後半に注目です。「日本では、コミュニケーション能力を先天的で決定的な個人の資質、あるいは本人の努力など人格に関わる深刻なものと捉える傾向があり」とありますから、ここをカッコで囲みましょう。ここはまさにコミュ力に関する一般的な傾向ですね。要するに、X「コミュ力に関する一般的な傾向」＝「⑤先天的で決定的な個人の資質であり、⑤人格に関わる深刻なものと捉える（傾向）」になりますので、これが答えです。

なお、「個人の努力」というのは、人格の具体例になります。努力できるか否かは、確かに人格に関係しそうです。設問に「具体的に」とある場合は別ですが、基本的に具体例は省くことが多いですね。具体例を入れると「ほかにも同じようなものがあるじゃん」と突っ込まれてしまうからです。字数を増やすために入れることもありますが、今回は字数もギリギリですし、省いた方がよいでしょう。

問四

本文と合致していればA、合致しなければBと答える問題でした。

アの選択肢から見ていきましょう。これは後半の「統計は信用できない」に線を引き、×をつけましょう。二重線アの前後を見れば、そもそも統計は出てこないのだとわかります。

イに移りましょう。これも後半が不適切ですね。「減少している」とありますが、数が減っているかどうかは確認できません。二重線1の後を見ても、一定数いると述べているだけで、増減は読み取れません。

ウは正しいですね。二重線2がある段落の冒頭を見れば、確かに製造業の人の問題だけではありません。

エは不適切です。二重線3がある段落の一つ前の段落です。製造業従事者ではなく、若年症のコミュ力を上げようと言っています。そして、さらに一段落前ですが、失職した製造業従事者には、雇用保険などの支給策を手厚くしようと述べていますので、やはりエの選択肢は本文と趣旨が異なります。

オは二重線3の前後と合致するので、Aです。

問五

漢字の問題なので答えを記しておきます。1から順番にイ・ウ・ウ・イです。

問六

同じく漢字の問題です。aから順番に寡聞・審査・放棄・中堅となります。

解答

問一　ウ　　問二　エ　　問三　先天的で決定的な個人の資質であり、人格に関わる深刻なものと捉える

問四　ア…B　イ…B　ウ…A　エ…B　オ…A　　問五　イ　ウ　ウ　イ

問六　寡聞　審査　放棄　中堅

MEMO

第二講

第三講〈問題〉

古代の大阪は、固い＊洪積層の上に、その歴史を刻んできた。南北に向かって大阪湾に突き出た大きな岬である上町《うえまち》台地と、生駒《いこま》山の山麓に南北方向に広がる台地が、古代人の主な生活の場所だった。そのうち大和川の運ぶ土砂によって、河内潟《かわちがた》がしだいに埋められてくると、そこには水田が開かれて、小さな村々が点在するようになった。

そこには、①古代的なものの考えをする、古代人が住んでいた。古代人の思考法の特徴は、あらゆる物事の中に宿る「タマ＝霊力」の実在を、強く感じるところにある。人の心にはタマが宿っていて、タマが強く発動するときには、心は激しく動き、タマが不活性なときには、心も深く沈み込むようになる。

タマは人間だけに宿っているのではなく、動物にも植物にも、岩や水のような自然物にも宿っている。タマは流動体のように移動して、ほかの個体の中に、するすると入り込むこともできた。それだから、人の心は、動物や植物にも心をつないでいくことができると考えられていたし、自然の運行に影響を与えることもできるとされた。

古代人には、自然や宇宙から孤立している「個人」というものは、考えられなかった。目に見えないタマをとおして、人間同士もともとつながりあっているからだ。さらには、人格から完全に切り離された、「ただの物」というものも、考えられない。そのために、所有物とその持ち主の人格は、タマをとおしてつながりあっているとも感じられていた。

そういう古代人の世界では、あらゆる物の交換が、「贈与」と考えられていた。贈り物をするとき、現代の私たちでさえも、ただのチョコレートに思いを込めたりするが、古代人にあっては、すべての贈り物には、贈り主の人格の一部がタマとして付着したままのかたちで、相手に届けられていた。そうやって、物の交換をつうじて、人と人が結びつく。そのたびに人々は、タマの流動を感じて、幸せな気持ちになった。

ところが、その古代人の世界にも、すでに「商人」は活動していたのである。商人は最初の［Ａ］主義者として、物に宿っていたタマを、物から切り離すことのできる人たちだった。自分たちが扱う商品は、誰かの人格の一部であるタマと結びついているから、価値があるのではなく、何かじっさいの使用に役立つからこそ価値がある、と商人は考えることができた。

商人は、人と物とを「無縁」にする原理にしたがって生きようとした、最初の近代人である。そういうことにかけては人一倍敏感な古代人は、②商人の考え方のなかに潜んでいる無縁の原理が、いずれは人と人のつながりまでも無縁化して、社会を破壊してしまう力を秘めているものとして、恐れたのである。

商品が交換されるとき、世界に活気が充ちてくるように感じられるのは、タマが活発に動くからではなく、商品同士の交換が頻繁に起こり、そのつど儲けが発生するからであり、だからこそ喜びがわいてくる。このような考え方をする商人は、古代人の社会では、まだ小さな勢力しかもたない、どちらかというと孤立した集団にすぎなかった。むしろ、古代社会はそういう商人の活動に、強い制限を加えることによって、［Ｂ］社会を、保とうとしていた。

古代人は堅固な洪積層の上に、彼らの共同体をつくるのを好んだ。共同体の中で生きる人々をつないでいるのは、贈与の関係が育てる、自然な愛や信頼の感情である。そこに商品というものに潜んでいる無縁の原理が入り込んでくると、古代人の共同体は、解体の危機におびやかされかねない。そこで古代人は、商人を共同体の中には住まわせないようにしたのだった。

こうして、古代から中世にかけて、商人たちは、村から村を歩き渡る行商人として、商売をおこなった。彼らは多くの場合、堅固な洪積層の上に、市場が付属している彼らの町をつくって住むことを、長いこと許されなかったから、川縁の荒れ地や河の中州や、河口にできた砂州島などに、集まって住んだ。そして、そこから、近世の資本主義の発達ははじまった。

　洪積層の台地には、社会は形成されるけれども、資本主義は生まれにくい。権力者の居城は築かれるけれども、よく発達した市場をもつ都市が、洪積台地の上に自然発生することは、めったに起こらないことなのだ。考えてみれば、パリでもロンドンでも、純粋な大都市はたいてい、中州や砂州につくられたものだが、そういう場所でなければ、人と土地の結びつきとか、人と物の霊的な絆などというものを否定できる、無縁の原理が開花することなどは、できなかったからである。

　大阪の地勢には、そういう資本主義の原理が、③自由闊達な活動をおこなえるような舞台が、みごとに準備されていた。生みの母は淀川である。淀川が運び込んだ、おびただしい土砂は、河口に多くの砂州をつくりだし、それはいつしか島となり、その島の上に、資本主義の原理が、川辺の葦のように根を下ろしていった。「ナニワ」と呼ばれることになったその地勢こそが、上町台地と河内世界にかたちつくられた古代人の世界を食い破って、大阪に資本主義が発達していく舞台をしつらえた。

　そのナニワは、もともとそこにできていたものではなく、水底から、ゆっくりと生まれてきた場所なのである。上町台地の東と西に、たくさんの島が生まれていた。④商都大阪の原型となる「八十島のナニワ」が、こうして時間をかけて、ゆっくりと水底から生成してきたのである。

（中沢新一「大阪アースダイバー」より。文章を一部改変した）

＊洪積層　約一八〇万年前から一万年前までの年代の地層。

問一　傍線部①「古代的なものの考え」とあるが、その説明として、本文の内容に照らして適切でないものをつぎの中から一つ選べ。

ア　あらゆる物事にはタマが宿り、個体をこえて流動するため、個々はタマを通して心をつなぎ得る。
イ　タマは不可視の霊力であり、人間だけでなく、動物や植物、そして無生物にもやどっている。
ウ　タマを共有する共同体の中に「個人」という考え方はないので、一人一人は個性的な人格を持たない。
エ　物を贈るという行為は、贈り主の人格の一部であるタマを物に付けて相手に届けることを意味する。
オ　贈与により、タマが盛んに流動することで、共同体の中で愛や信頼の感情が育まれ、幸福感が増す。

問二　傍線部②「商人の考え方」とあるが、その説明として、本文の内容と合致するものをつぎの中から一つ選べ。

ア　この世にタマなどというものは現実には存在せず、したがって人と物とは、無関係なものである。
イ　物が価値ある商品となるのは、何かに役立つからであり、人格の一部であるタマが宿るからではない。
ウ　一か所に定住するよりも、行商として未開地を渡り歩いたほうが、商いで儲けるチャンスも増える。
エ　洪積層の台地より、川が新しくつくる砂州のほうが、自然環境として人と物の霊的な絆を否定しやすい。
オ　商品そのものの、実用的な価値の交換による儲けさえあれば幸せになれ、人間関係などは必要ない。

問三　空欄 A に入る語句として最も適切なものをつぎの中から選べ。

ア　合理
イ　原理

ウ　競争
エ　平等
オ　民主

問四　空欄［B］に入る表現として最も適切なものをつぎの中から選べ。
ア　堅固な土地に定住できる
イ　タマの力で富を独占する
ウ　タマの庇護から自立した
エ　人々の心の絆でできた
オ　身分や貧富の差がない

問五　傍線部③「自由闊達」とあるが、「闊達」に最も意味が近い語句をつぎの中から選べ。
ア　開明
イ　活発
ウ　洒脱
エ　饒舌
オ　磊落

問六　傍線部④「商都大阪」の形成についての説明として、最も適切なものをつぎの中から選べ。
ア　大阪では、資本主義の発達にあわせたかのように、ちょうどその勃興期の近世以降、水底からたくさんの島々が生成し始めた。

イ　古代の大阪における商人の位置付けの歴史的な変化は、世界の資本主義の発達史のなかでも、みごとに典型的な経過をたどっている。

ウ　大阪では、古代的な共同体が占拠して商人を容れなかった洪積台地に対して、自然が、商人の活躍できる土台をゆっくりと生成してくれた。

エ　「無縁」の原理を信奉する人々が、長い間努力を重ねて淀川沿いの川辺を埋め立てて、「八十島のナニワ」という新天地を形成していった。

オ　商都大阪の原型は、権力者によってつくられたのではなく、商人が意識的に淀川の力を活かしたことによって、自然との共同作業で生成された。

第三講〈解説〉

問一

傍線①「古代的なものの考え」の説明になっていない選択肢を選ぶ問題です。説明になっているということは、イコールになっているということです。つまりこの問題は、傍線①とイコールにならない選択肢を選ぶ問題だったのです。実質的には消去法かと思います。消去法で解くときは、句読点が打たれたところに「／（スラッシュ）」を入れて、選択肢を区切るといいでしょう。選択肢を分解して、見る範囲を狭めていくのです。そうすることで、おかしなところに気づきやすくなります。今回はウの選択肢の読点にスラッシュを入れて、その後ろに線を引きましょう。この内容が確認できないので、ウがおかしいです。おかしいものを答える問題ですから、**ウ**が答えですね。

問二

傍線②「商人の考え方」の説明を求めていますから、これとイコールの内容を考えていきます。傍線②の少し前ですね。「自分たちが扱う商品は、誰かの人格の一部であるタマと結びついているから、価値があるのではなく、何かじっさいの使用に役立つからこそ価値がある、と商人は考えることができた。」とあります。ここはまさに商人の考え方とイコールになりますね。カッコで囲んでおきましょう。ここと各選択肢を見比べていけば、イが合致していると気づくでしょう。ということで、**イ**が答えです。

問三

空欄Aに入る言葉を考える問題でした。まずは前後に注目です。「商人は最初の［A］主義者として」とあります。ここに線を引きましょう。「A主義者＝商人」だとわかりますね。それでは、商人とはどんな人だったかを考えましょう。それがわかれば、三段論法を使って終了です。ただ、それは先ほど問二で確認しましたね。改めて、傍線②の少し前の「自分たちが扱う商品は、誰かの人格の一部であるタマと結びついているから、価値があるのではなく、何かじっさいの使用に役立つからこそ価値がある、と商人は考えることができた。」というところを見ましょう。冷静に商品のことを判断していますから、商人＝合理主義者と言えるでしょう。**ア**が答えです。イの「原理」を入れたくなった方もいらっしゃると思いますが、「原理主義者」というと、融通の利かない人という意味になるので、不適切です。空欄の直後と組み合わせて考える必要があったので、少し意地悪な問題でした。

問四

空欄Bに入る問題を考える問題でした。まずはBの前後に注目です。「古代社会はそういう商人の活動に、強い制限を加えることによって、［B］社会を、保とうとしていた。」とありました。ここをカッコで囲みます。ここから、B社会＝「古代社会が保とうとしたもの（X）」だとわかります。では、古代社会は何を保とうとしたのでしょうか。傍線②前後の「古代人は、②商人の考え方のなかに潜んでいる無縁の原理が、いずれは人と人のつながりまでも無縁化して、社会を破壊してしまう力を秘めているものとして、恐れた」をカッコで囲みましょう。そして、「古代人」・「人と人のつながり」に波線を引きます。古代人というのは「古代社会」に生きていた存在でしょう。それがわかれば、X「古代社会が保とうとしたもの」＝人と人のつながりがある社会（Y）だと読み取れます。B社会＝Xで、X＝Yですから、B社会＝Yが成り立ちます。要するに、Bには「人と人のつながり」という内容が入るということです。「つながり」を「絆」と表現した**エ**が答えになります。

問五

言葉の意味の問題です。ただ、純粋な辞書的な意味を聞いているというよりは、前後からどんな意味で使われているか予想していくことが求められる問題でした。ここでは、資本主義が制約されず自由に活動できるという意味で使われていました。それに近いのはイの活発ですから、**イ**が答えです。

問六

「商都大阪の形成」の説明を求めていますから、それとイコールの内容を考えます。まずは傍線④からを読み「④商都大阪の原型となる「八十島のナニワ」が、こうして時間をかけて、ゆっくりと水底から生成してきたのである。」をカッコで囲みます。ここから、商都大阪の形成は、ナニワから始まったのだとわかります。つまり、X「商都大阪の形成」＝「ナニワから始まったもの（Y）」だとわかります。では、ナニワとはどんな存在だったのでしょうか。傍線③の少し後ろからをご覧ください。「淀川が運び込んだ、おびただしい土砂は、河口に多くの砂州をつくりだし、それはいつしか島となり、その島の上に、資本主義の原理が、川辺の葦のように根を下ろしていった。「ナニワ」と呼ばれることになったその地勢こそが」とあります。ここをカッコで囲み、「淀川」に線を引きましょう。「ナニワ＝淀川が作ったもの」が成り立ちます。そんなナニワから始まったのが、商都大阪の形成だったのです。その内容になるのは**ウ**ですね。ウの選択肢後半の「自然が、商人の活躍できる土台をゆっくりと生成してくれた。」をカッコで囲み、「自然」・「生成してくれた」に線を引きます。ここはまさに「淀川が作った」という内容です。（川って自然ですよね）

解答

問一　ウ　問二　イ　問三　ア　問四　エ　問五　イ　問六　ウ

MEMO

第四講

第四講〈問題〉

ロマン派の時代は、それまで他の社会的領域と融合していた、(1)西欧の「芸術」が、自律性を獲得した時代でもある。近代以前の〝芸術家〟の多くは、教会や君主に仕えて、彼らの注文に応じて作品を制作する職人であり、作品自体も、宗教的あるいは政治的権威を表象することを目的として作られていた。市民社会の成立に伴って、様々な社会システムが分化し、政治、宗教、法、経済、教育などの各部分システムが固有の論理に従って自己を組織化するようになると、「芸術」も、「美」の理念を中心に、一つの自律的なシステムを形成するようになる。具体的には、国家や教会の庇護から離れて活動する「芸術家」と呼ばれる人たちが登場し、独自の「美」の理解によって「作品」を制作するようになったわけである。

政治や宗教に対して相対的な自律性を獲得した「芸術」であるが、「欲望の体系」(注1)(ヘーゲル)としての近代市民社会の統合性を保つうえで中心的な役割を果たすようになった(2)「経済」との関わりは、微妙である。「芸術作品」は建前の上では、「商品」ではないので、売る／売れないとは関係なく、「美」のために作られることが多い。しかしながら、芸術家も生身の人間であるので、生計を立てる必要がある。「作品」を、誰かに買ってもらわなければならない。画商やギャラリー、劇場、コンサート・ホール、出版社、レコード会社などを仲介にして、「作品」が市場に出される必要がある。[a]教会や君主などの特定のパトロンに直接的に奉仕する代わりに、商人的な性格を持つ仲介者を間に置いて、不特定多数の大衆の欲望に間接的に奉仕することで、「貨幣」収入を得るようになったわけである。

当然のことながら、間に仲介者を入れるとしても、大衆が買ってくれなければ、芸術家も作品を続けることはできないので、大衆の欲望にある程度対応した芸術が生き残る傾向がある。しかし、露骨に大衆にこびる身振りを見せれば、通常の「商品」と同じになり、「芸術」としての魅力が薄れる。市場に直接現われてくる大衆の低俗な欲望とはきっぱり一線を画すが、大衆の深層意識に潜んでいる美的想像力には強くアピールする、真の〝美〟を探求する、というような微妙なスタンスを取ることが必要になる。

しかし、(3)〝陳腐で低俗な欲求〟と、〝先鋭化された美的想像力〟の間に明確な線を引くことはできず、見方によって、両者が逆転することもある。そのため前衛的な芸術運動が登場するたびに、この問題が新たに提起される。(注2)ベンヤミン(一八九二〜一九四〇)が、複製技術を応用した二〇世紀的な芸術に、大衆の想像力を覚醒させるポテンシャルを期待したのに対し、彼の友人であった(注3)アドルノ(一九〇三〜六九)はむしろ、「文化産業」に管理されるメディアや芸術による大衆の取り込みに対して警告を発している。

こうした市場化の動きと連動して、「芸術作品」に対する、「労働→所有」の論理も確立されるようになる。「芸術作品」を市場での交換の対象にするからには、その大前提として、「芸術作品」が、制作者である芸術家の「所有物」になっていなければならない。芸術作品を「制作」する行為も、「労働」の一種であるとすれば、「作品」が、労働した主体である芸術家の所有物であるのは当然であるようにも思われる。

身体を駆使した「労働」という行為を通して、主体の固有性(property)を「物」に投入することが、その「物」に対する「所有 property」の根拠になるという所有論の基本的考え方は、英米系のリベラルな政治思想の元祖とされる(注4)ロック(一六三二〜一七〇四)によって『統治二論』(一六八九)で定式化されている。「固有性→所有」という考え方は、芸術家による〝独創的な作品〟の制作というイメージに、うまく合っているように思える。

ただし、それはあくまでも、「作品」の本質が、その物理的な性質にあると見た場合の話である。絵画や彫刻の場合、芸術家が時間をかけて素材に対してユニークな造形を行い、それによって観客の感性を刺激する「特性

property」を備えた「作品」が生み出されたとすれば、それが芸術家の「固有性」を反映した〝物〟であり、その付加価値を生み出したことに対する報酬を、芸術家が得るのは当然という論理は、（ロック的な考え方をする近代市民なら）あまり抵抗なく受け入れられそうだ。しかし、個々の具体的な「物」というよりも、むしろ、観念、語、イメージ、音の特殊な組み合わせを「制作」する詩、小説、戯曲、音楽などの場合、「労働→所有」論は、少なくともそのままの形では当てはまらない。印刷・製本された小説という〝物〟は、身体労働という面から見れば、むしろ編集者や印刷労働者、彼らを使って本を生産した企業が生み出したものである。絵画でも、版画の場合は、人々が直接目にする〝作品〟は、画家が直接描いたものではないので、同じことが言えそうだ。

個々の芸術家の身体労働によって直接的に作りだされたわけではない――したがって、芸術家が元々所有していた素材から直接作り出されたのでもない――〝もの〟も、彼あるいは彼女の「作品」と見なされ得ることからすれば、「芸術」における「作品」の「所有＝固有化」に際しては、労働による素材の物質的変化とは別の要因、（注5）ポイエシスの契機となる美の観念、あるいは、美的イメージの複合体のようなものが、何らかの形で「現前」していることが、中心的な意味を持っていると考えられる。

文学や版画などのように、印刷などの形で大量生産される〝もの〟の場合、芸術家は製造工程の一部を担う労働者にすぎず、実際売り上げのごく一部を受け取っているだけだ、という文化産業論的な見方をすることができないわけではない。音楽についても、作曲家や演奏者は、音に関するサービスを売る、文化産業の一部門の労働者だと見ることができる。だとすれば、芸術家による「作品」の「所有化」を問題にすること自体が、無意味なのかもしれない。

しかし、そのように考えるにしても、「作品」がそれを創作した芸術家の名前を冠すること、言い換えれば、「署名」を付されることによって、芸術作品としてのステータスを公共的に獲得する――そして、市場に出品可能になる――ということが一般化している。芸術家という、特殊な美的主体の創造性が表現されているということが、「芸術作品」の条件になっているわけである。これが、芸術の「制作」が、労働者によるトクメイ化された労働とは大きく異なるし、通常の職人仕事とも微妙に異なる点である。

（仲正昌樹「「作品」と「所有」」による）

注1　ヘーゲル——ドイツの哲学者（一八七〇〜一八三一）。
注2　ベンヤミン——ドイツの思想家・評論家。
注3　アドルノ——ドイツの哲学者・美学者。
注4　ロック——イギリスの哲学者。
注5　ポイエシス——「制作」あるいは「詩作」の意味のギリシャ語。

（A）二重線部を漢字に改めよ。（ただし、楷書で記すこと）

（B）傍線部（1）について。その説明として最も適当なもの一つを、左記各項の中から選び、番号で答えよ。

1　「芸術家」が教会や君主の注文に応じて「芸術」を制作することがなくなった。
2　「芸術」の「美」が宗教的あるいは政治的権威から離れて独立した。
3　職人としてしか認められなかった人たちが、「芸術家」としての権威を獲得した。
4　「芸術家」の制作する作品が政治的権威の表象を排斥するようになった。
5　「芸術家」の活動が「美」という絶対的価値に基づくようになった。

（C）傍線部（2）について。その説明として最も適当なもの一つを、左記各項の中から選び、番号で答えよ。

1 「芸術作品」は商品ではないので売る／売れないとは関係なく作られるということ。
2 芸術家も生身の人間であるので市場で作品を売って生計を立てる必要があるということ。
3 市場では大衆に買ってもらえるものが芸術家の作品として生き残る傾向があるということ。
4 芸術家は教会や君主などに奉仕しつつ、商人を仲介者として貨幣収入を得るということ。
5 「芸術作品」は大衆の欲望から距離を置きつつ、深層意識に潜む想像力に訴えるということ。

（D）空欄 a にはどのような言葉を補ったらよいか。左記各項の中から最も適当なものを一つ選び、番号で答えよ。

1 だとすれば　2 つまり　3 しかし　4 また　5 ただし

（E）傍線部（3）について。両者の関係についての説明として最も適当なもの一つを、左記各項の中から選び、番号で答えよ。

1 作品の「芸術」としての評価が両者のいずれに基づくかは必ずしも判然としない。
2 前衛的な芸術運動は〝陳腐で低俗な欲求〟よりも〝先鋭化された美的創造力〟だけに訴える。
3 複製技術を応用した二〇世紀的な芸術作品に、両者のつながりを認めることはできない。
4 大衆は両者のつながりを認めるが、〝陳腐で低俗な欲求〟の先鋭化に期待する。
5 両者はいずれも大衆の深層意識に潜んでいる美的想像力を基盤にしている。

（F）左記各項のうち、本文の内容と合致するものを1、合致しないものを2として、それぞれ番号で答えよ。

イ　本文中の表現、「作品」と〝作品〟では〝作品〟の方が芸術的に本質的な概念を表している。

ロ　自律した「芸術家」は「美」の理解に基づきながらも、大衆の欲望に間接的に奉仕しなければならない。

ハ　芸術として売れる作品は大衆の深層意識に潜む欲望とはきっぱり一線を画さなければならない。

ニ　前衛的な芸術運動は大衆の〝陳腐で低俗な欲求〟と結びつくことがある。

ホ　「芸術作品」であるためには労働による作品の「固有性」より「芸術家」の「署名」の方が重要だ。

第四講〈解説〉

(A)
漢字の問題でした。「**匿名**」ですね。

(B)
傍線(1)「西欧の『芸術』が、自律性を獲得した」の説明を求めているので、傍線(1)とイコールの内容を考えます。まずご覧いただきたいのが、傍線（1）と傍線（2）の間あたりにある「『芸術』も、『美』の理念を中心に、一つの自律的なシステムを形成するようになる」です。ここに線を引いてください。傍線（1）とイコールになりますよね。どちらも、芸術が自律的になったという内容だからです。この時点で、傍線（1）＝「芸術が自律的なシステムを形成した（X）」が成り立ちます。なお、傍線（1）からずっと西欧の芸術について話していますから、線を引いたところの「芸術」も西欧のものですので、やはり完璧にイコールです。そして、線を引いたところのすぐ後ろに「具体的には」とありますね。これをマルで囲みます。後述しますが、具体例とはほぼイコールのものです。したがって、この言葉の後ろに、Xとほぼイコールの内容が出てきます。では、後ろの「国家や教会の庇護から離れて活動する『芸術家』と呼ばれる人たちが登場し、独自の『美』の理解によって『作品』を制作するようになった」に線を引きましょう。「具体的に言えば」の働きより、X「芸術が自律的なシステムを形成した」≒「教会や国家から離れて作品を作るようになった（Y）」が成立します。三段論法を使えば、傍線（1）≒Yが成り立ちますので、Yに近い選択肢を選べば終了です。それは**2**ですね。宗教的権威が教会、政治的権威が国家のことを表しています。

※具体例がほぼイコールという話ですが、たとえば野菜の具体例は大根です。少し気持ち悪いかもしれませんが、受験の世界では両者がほぼイコールということになっています。どちらも野菜だからです。もちろん、厳密にいえばイコールではありません。野菜には大根も人参もブロッコリーも含まれます。少しあやふやですね。しかし大根にはそのようなことがありませんので、厳密にいえば別物です。ただ、そういった違いはあっても内容的にはほぼイコールということです。

C

傍線（2）の「経済との関わりは、微妙である」の説明を求めている問題ですから、それとイコールの内容を考えていきます。まず、「関わり」と言っていますが、何と経済が関わっているのでしょうか。傍線の直前ですね。「『芸術』であるが、『欲望の体系』（注1）（ヘーゲル）としての近代市民社会の統合性を保つうえで中心的な役割を果たすようになった(2)『経済』との関わりは、微妙である。」とあります。ここの冒頭にある「経済」に線を引きましょう。そう、ここで経済と関わっていたのは芸術です。要するに、傍線（2）＝「芸術と経済の関わりは微妙だ（X）」です。ちなみに、経済という言葉はなかなか複雑ですが、受験生の間は「お金の話」と理解しておけば問題ありません。さて、ではXとイコールの内容を探します。まず目につくのが空欄aのすぐ後ろです。「商人的な性格を持つ仲介者を間に置いて、不特定多数の大衆の欲望に間接的に奉仕することで、『貨幣』収入を得るようになった」をカッコで囲みます。要するに、「不特定多数の大衆に間接的に奉仕して収入を得る（Y）」と述べられているのです。これはYとイコールですね。直接的に奉仕しているなら、「微妙な関係」とは言いません。つまり、「間接的に」が「微妙」と合致するのです。また、「収入を得る」と「経済」が同内容です。さて、これでYが答えだとわかりました。ただし、Y的な選択肢が今回はありませんでした。その場合は、別の答えの条件を探していくことになります。それでは傍線（3）の少し前です。「露骨に大衆にこびる身振りを見せれば、通常の『商品』と同じになり、『芸術』としての魅力が薄れる。市場に直接現われてくる大衆の低俗な欲望とはきっぱり一線を画すが、大衆の深層意識に潜んでいる美的想像力には強くアピールする、真の〝美〟を探求する、というような微妙なスタンスを取ることが必要になる。」をカッコで囲みます。「商品」・「市場」という言葉がヒントになると思いますが、アピールしてどうするのでしょう。芸術家自身の作品を売るのですね。つまり、「深層意識に潜む想像力にアピールして、商品を売る（Z）」わけです。これもX「芸術と経済の関わりは微妙だ」とイコールです。深層意識というわかりにくいところにアピールしているのですから、これは「微妙」に当たります。そして、商品を売るというのが「経済」を捉えています。このZと合致するのが**5**ですから、これが答えです。

(D)

空欄aに入る言葉を考える問題です。接続詞の問題ですから、前後の関係をきちんと整理していきましょう。まずは前に注目です。「画商やギャラリー、劇場、コンサート・ホール、出版社、レコード会社などを仲介にして、『作品』が市場に出される必要がある」に線を引きます。要するに、仲介者を通して作品を売っているのです。今度は後ろです。「教会や君主などの特定のパトロンに直接的に奉仕する代わりに、商人的な性格を持つ仲介者を間に置いて、不特定多数の大衆の欲望に間接的に奉仕することで、『貨幣』収入を得る」に線を引きます。ここも仲介者を通して作品を売っています。ちなみに、ここの「特定のパトロンに直接的に奉仕する代わりに」は「パトロンに奉仕するのはやめて」という意味です。少し話がそれましたが、空欄aの前後が同内容になっています。そういう時に使うのは「つまり」や「すなわち」ですね。したがって、答えは**2**になります。

E

両者の関係を答える問題です。傍線（3）を見れば、両者というのは陳腐で低俗な欲求と先鋭化された美的想像力です。傍線（3）の後ろが参考になりますね。「（3）〝陳腐で低俗な欲求〟と、〝先鋭化された美的想像力〟の間に明確な線を引くことはできず」をカッコで囲みます。明確な線を引けないということは、区別しにくいということです。要するに、両者の関係＝区別がしにくいという関係です。その内容になるのは**1**ですから、それが答えです。

F

イ　後半の「〝作品〟の方が芸術的に本質的な概念を表している」に線を引き、×と書いてください。本文真ん中あたりにある「芸術家の『固有性』を反映した〝物〟」を見れば、〝　〟が表すのは固有性であって、本質ではありません。

ロ　これは本文の前半と合致しているのでマルです。

ハ　後半の「きっぱり一線を画さなければならない」が不適切でした。（C）で確認した通り、深層心理に潜む美的想像力にはむしろアピールしていました。

二　傍線（3）以降と合致します。「（3）〝陳腐で低俗な欲求〟と、〝先鋭化された美的想像力〟の間に明確な線を引くことはできず、見方によって、両者が逆転することもある。そのため前衛的な芸術運動が登場するたびに」とあります。「逆転」にマルをつけて下さい。陳腐で低俗な欲求が、先鋭化された（つまり前衛的な）美的想像力になることもあるのです。

ホ　後半の「作品の『固有性』より『芸術家』の『署名』の方が重要だ」に線を引き、固有性と署名をマルで囲んでください。両者を比べていないので、不適切です。

解答

（A）匿名　（B）2　（C）5　（D）2　（E）1

（F）イ…2　ロ…1　ハ…2　ニ…1　ホ…2

第五講

第五講〈問題〉

人の移動を論じるということは、たとえば、モノやカネの移動（貿易論と海外投資論）に労働力の移動を付け加えて世界経済を把握する、といったことではない。人の移動という観点から経済や社会をとらえるということは、項目として移民を付け足すことではない。それは、［　　　］ことを意味する。人の移動という研究の領域が新しい分野としてたんに付け加えられるというのではなく、移動という観点から、これまでとは異なる何がみえてくるのかを考えることであり、移民を研究するということは、ひとつの方法であり、方法としての移民である。

移民を方法としてとらえるということは、近代世界のさまざまなレヴェルでの編制とのかかわりから移民を位置づけることを意味する。たとえば、近代世界は、遠隔地貿易とともに、大規模な人の移動によって始まったといわれている。大航海時代をもって近代世界の開始と考えることこそが、ユーロセントリックであることは問わないとしても、移動のモデルがつねに(1)ヨーロッパからの「自由」な移民であったことは、移民研究の方法を規定してきた。また、商品や資本の移動（と制限）と結びついて人の移動（と制限）があったことは、これまでも指摘されてきたが、両者の差異が国民国家や近代世界の形成にもつ意味は、十分に考慮されることはなかった。

近代において、人々は、一方では、強制的・半強制的あるいは「自発的」に大陸を越えて移動するとともに、他方では、特定の土地へと結びつけられてきた。地球上を分割しつくした国民国家の原型をつくりだしたのは、大量の人の移動であり、(イ)ボウダイな人の移動を引き起こした植民地主義こそは、今日のさまざまなかたちで激化している民族紛争と呼ばれるものの起源でもある。国民国家が人々を境界のなかに囲いこみ、固定しようとしてきたことこそが、移民といわれる事象をつくりだし、人種主義の世界的な序列を構成し、民族的な対立を生みだしてきたのである。

移民の国と呼ばれる南北アメリカ大陸やオセアニアの諸国だけでなく、移民を送り出したヨーロッパやアジアあるいはアフリカ地域の諸国にとっても、人の移動は、国民国家形成（あるいは「非形成」）に決定的な意味をもった。社会科学は、しばしばネーションを自生的で自立的な発展を遂げる、閉じたシステムとしてとらえてきた。国民経済、国民文化、国民社会は国民国家と同型であり、国民国家にとって、境界を越える人の移動は例外的な出来事であり、定住こそが常態であった。しかし、いまやそうした前提が崩れてきている。

かつて移民は国民国家をつくりあげたが、いまや国民国家を基盤としてきた世界編制が、大規模な移民によって大きく揺るがされている。近代は、人ならびにモノやカネの移動の自由が保障された時代だといわれてきた。しかし、（２）近代が移動の自由の時代であるというのには、ある一定の留保が必要である。なぜならば、移動の自由は、移動に対する国家の一元的管理の始まりでもあったからである。移動の管理や規制は、国家が独占的に掌握することになり、国境を越える移動とそうでない移動とは、徐々にではあるが、明確に区分けされるようになった。近代国家は、移動の自由を保障するとともに、境界において移動を管理する制度や手段をも生みだした。一定の領域の内部における移動の自由を促進しながらも、しかし境界を越える商品や人の移動の手段や制度を支配し、さまざまな制限を加えてきたし、現在も差異化が図られている。

資本主義は、本来、世界的であり、境界を画すことの合理性はない。それにもかかわらず、近代国家は、一方では移動の自由を掲げながらも、他方では境界を越える移動を制限してきた。近代における移動の自由とは、移動の自由の範囲を画定することであり、国境のなかでの移動と国境を越える移動とは区分けされ、貿易や投資、移民などの国際的な移動は国塚と国家との問の権力を反映した地政学的な関係に規定されることになった。

境界を画されたことこそが、（３）境界を越える移動に特別な意味を与えることになる。とくに、人の移動は、国民国家の制度化にともない、徴税と国防の観点からも、商品や資本の移動とは区分けされるようになってきた。とくに商品や資本の移動と人の移動とが明確に対照化されてきたのは、最近のことであり、そのことが、現代国家の性格を特徴づけるとともに、現代移民を明らかにするカギのひとつである。商品や資本の自由化は極端なまでに進みながら、人の移動への規制は強化され続けるのである。

商品や資本は、それが境界を越えたからといって、国籍や出自によって特別な差異化が行なわれることはない。文化的あるいは社会的属性を強調することはあっても、そのことによってモノやカネの出自が問われることはない。市場経済の自立的な(ロ)ジュンカン過程のなかで、これら生産要素の出自は、基本的には、脱色される。しかしながら、人は、国境を越えたからといって、容易には出自=ナショナリティを脱することはできない。ナショナリティを脱色しようとする行為そのものが、大きな政治的・社会的問題を引き起こしてきているのである。

貿易や投資と人の移動との分離は、近代国家の政策課題のひとつであった。経済成長を維持するにはたえず新しい労働力を必要とし、社会的な秩序を維持するには新しい労働力を管理する必要がある、と考えられた。しかし、現代において、交通手段の発達やボウダイな情報のリアルタイムでの伝達は、かつての距離を大幅に短縮し空間の絶滅をもたらしてきた。交通や情報、意志決定の集積する結節点としての都市が発達し、世界都市が航空網と電子情報網によって結びつけられる。しかしながら、時空間の圧縮は、具体的な場そのものを変容し、情報や移動手段へのアクセスの格差を極端なまでに拡大して、集団に差異化をもちこんできた。国民経済の、そして国民国家の溶解であり、ここに現代移民研究の重要な課題のひとつがある。

(伊豫谷登士翁「方法としての移民」による)

（A）線部イ・ロを漢字に改めよ。（ただし、楷書で記すこと）

（B）［　］にはどのような言葉を補ったらよいか。左記各項の中から最も適当なもの一つを選び、番号で答えよ。

1　研究の領域を細分化する
2　学問の体系を構築する
3　認識の枠組みを根底から転換する
4　将来の展望を抜本的に見直す
5　分析の対象を大きく変更する

（C）傍線部（1）について。ここでいう「ヨーロッパからの「自由」な移民」と異なる移民とは、具体的にどのような人々をさしているか。左記各項の中から最も適当なもの一つを選び、番号で答えよ。

1　世界の構造を自らの目で確かめるために途上国に移動して貧困層と生活している人々
2　貧困から脱出するために国境を越えて欧米諸国に移動した人々
3　先進諸国における労働需要に応じて途上国から移動した人々
4　先進諸国による政策によって国境を越えて移動することを強いられた人々
5　途上国での事業拡大を目的として先進諸国から移動した人々

（D）傍線部（2）について。「ある一定の留保が必要である」のはなぜか。その理由として最も適当なもの一つを左記各項の中から選び、番号で答えよ。

1　移動の自由を手に入れていたのは、ヨーロッパからの自由な移民に限定されているから。
2　国境内の移動についても、国境を越える移動と同様にさまざまな制限が加えられているから。
3　移動のモデルについては、ヨーロッパからの自由な移民に限定してとらえられているから。
4　国境を越える人の移動については、国家による独占的な管理が行われているから。
5　近代国家は、国境を越える移動の自由を禁止することによって成り立っているから。

（E）傍線部（3）について。その意味内容として最も適当なもの一つを、左記各項の中から選び、番号で答えよ。

1　国境を越えて移動した人々は、国籍等を脱することができるようになる。
2　国境を越える人々が急増していることから、その規制が国家間の課題となっている。
3　商品や資本の移動は進んでいるが、人の移動は必ずしも進んでいるわけではない。
4　国境を越えて移動した人々が、出自を無視され、社会的な問題が生じている。
5　徴税と国防の観点から、境界を超える商品の移動は制限されるようになっている。

（F）左記各項のうち、本文の内容と合致するものを1、合致しないものを2として、それぞれ番号で答えよ。

イ　航空網の発達によって国境を越える移動の範囲は拡大しているが、それは場の変容をもたらし、集団に格差をもたらしている。
ロ　市場経済の自立的なジュンカン過程においては人の移動が活発になることから、移動の自由を保障するための制度を構築することが近代国家の課題のひとつであった。
ハ　現代社会においては、定住こそが常態であって、国境を越える人の移動は例外的な事象としてとらえられている。

ニ　先進諸国では、経済成長を目的としてたえず新しい労働力を必要とし、社会的な秩序を維持するために、移動してきた労働者の管理が求められてきた。

ホ　交通手段や意志決定の集積する結節点としての都市が発達したことから、移動手段へのアクセスが容易になり、国境を超える移動が保障される時代になっている。

第五講〈解説〉

(A)

漢字の問題なので、答えだけ記します。**イ　膨大**　**ロ　循環**

(B)

空欄に入る言葉を考える問題です。まずは前後に注目です。「人の移動という観点から経済や社会をとらえるということは、項目として移民を付け足すことではない。それは、□ことを意味する。」とありました。カッコで囲みます。ここから空欄＝「人の移動という観点から経済や社会をとらえることの意味（Ｘ）」だとわかります。では、人の移動という観点で物事を見ることにはどのような意味があるのでしょうか。空欄の後ろをご覧ください。「人の移動という研究の領域が新しい分野としてたんに付け加えられるというのではなく、移動という観点から、これまでとは異なる何がみえてくるのかを考えることであり」とあります。ここの「移動という観点から、これまでとは異なる何がみえてくるのかを考え」に線を引きます。ここから、Ｘ「人の移動という観点から経済や社会をとらえることの意味」＝これまでとは異なる何かを見ようとする（Ｙ）だとわかります。空欄＝Ｘで、Ｘ＝Ｙですから、空欄＝Ｙが成り立ちます。したがって、このＹと合致する選択肢を考えます。それは、「認識を変える」という内容の**3**ですから、それが答えです。４が多少紛らわしいですね。ただ、将来のことについて考えているわけではありませんので、不適切です。

(C)

早速ですが、設問の「『自由』な移民と異なる移民」に線を引いてください。要するに、これは「不自由な移民」という内容の選択肢を答える問題だったわけです。４の選択肢をご覧ください。後半の「強いられた」に線を引きます。これは無理やりさせられているわけですから、不自由です。したがって、**4**が答えです。

(D)

傍線（２）の理由を答える問題でした。まずは傍線（２）直後の「なぜならば」をマルで囲みます。この言葉は、後ろに理由があるときに用いるものですから、この後ろに傍線（２）の理由があるはずです。では、後ろの「移動の自由は、移動に対する国家の一元的管理の始まりでもあったから」に線を引きましょう。ここが傍線（２）の理由ですから、それと合致する選択肢が答えです。「国家の一元的管理」ということは、国家が管理を独占しているということですから、その内容が書かれている**4**が正解です。

(E)

傍線（３）「境界を越える移動に特別な意味を与えることになる」の説明を求めていますから、傍線（３）とイコールの内容を考えます。まずはこの傍線（３）の「特別な意味」に線を引きましょう。これは何かな？と考えながら、傍線（３）以降を読んでいきます。すると、次の段落の頭からですが、「商品や資本は、それが境界を越えたからといって、国籍や出自によって特別な差異化が行なわれることはない。文化的あるいは社会的属性を強調することはあっても、そのことによってモノやカネの出自が問われることはない。市場経済の自立的な（ロ）ジュンカン過程のなかで、これら生産要素の出自は、基本的には、脱色される。しかしながら、人は、国境を越えたからといって、容易には出自＝ナショナリティを脱することはできない。」をカッコで囲み、「境界を越えた」・「出自は、基本的には、脱色される」・「容易には出自＝ナショナリティを脱することはできない。」に線を引きます。要するに、境界を超えたら、脱色できない出自を脱色させられるわけです。（※脱色というのは、個性を消すということでしょうね。色が個性を表しています）これは国境を越えたからこそ起きたことで、まさに先にマルで囲んだ「特別な意味」です。要するに、傍線（3）「境界を越える移動に特別な意味を与えることになる」＝「境界を越えたら、出自・ナショナリティが脱色される」になります。それでは、このXが何なのか考えます。先ほどカッコで囲んだところのすぐ後ろです。「ナショナリティを脱色しようとする行為そのものが、大きな政治的・社会的問題を引き起こしてきているのである」とあります。これをカッコで囲みます。ここから、X「境界を越えたら、ナショナリティが脱色される」＝「問題を引き起こす（Y）」になります。このXやYが答えの条件ですから、それらと合致する**4**が答えです。1も悪くないのですが、国籍等を脱することは、本文ではよくないこととして書かれていますから、そこのニュアンスがずれています。

(F)

イ　本文の最終段落と合致するので**1**です。

ロ　「移動の自由を保障するための制度を構築することが近代国家の課題」をカッコで囲みます。これは不適切ですね。というのも、最終段落の冒頭にある「貿易や投資と人の移動との分離は、近代国家の政策課題のひとつであった。経済成長を維持するにはたえず新しい労働力を必要とし、社会的な秩序を維持するには新しい労働力を管理する必要がある、と考えられた」をカッコで囲みます。なにが課題なのかがずれていますね。本来は「分離」が課題だったのです。**2**ですね。

ハ　傍線（2）の少し前をご覧ください。ハの内容は、現代では崩れていると書かれていたため、不適切です。

ニ　ロの選択肢でも見ましたが、最終段落冒頭を改めてご確認ください。ニはそこと合致しますから、これは

1です。

ホ　都市の発達を肯定している選択肢です。これも最終段落がポイントですね。後半ですが、「時空間の圧縮は、具体的な場そのものを変容し、情報や移動手段へのアクセスの格差を極端なまでに拡大して」をカッコで囲みます。特に格差が拡大するのは問題ですね。ホはその問題点に触れられていませんでしたから、本文と趣旨が違います。2ですね。

解答

(A) イ 膨大　ウ 循環　(B) 3　(C) 4　(D) 4　(E) 4

(F) イ…1　ロ…2　ハ…2　ニ…1　ホ…2

MEMO

第六講

第六講〈問題〉

[1] 環境システムの専門家であるウォーカーは、以下のような興味深い比喩を持ち出している。

[2] あなたは、港に停泊しているヨットのなかでコップ一杯の水を運んでいるとしよう。そして、同じことを荒れた海を航海しているときに行ったとしよう。港に停泊しているときにコップの水を運ぶのは簡単である。この場合は、できるだけ早く、しかし早すぎないように運べばよいのであって、その最適解は求めやすい。しかし、波風が激しい大洋を航海しているときには、早く運べるかどうかなど二の次で、不意に大きく揺れる床の上で転ばないでいることの方が重要になる。あなたは、膝を緩め、突然やってくる船の揺れを吸収し、バランスをとらねばならない。海の上での解は、妨害要因を吸収する能力を向上させることをあなたに求める。すなわち、波に対するあなたのレジリエンスを向上させることを求めるのである。

[3] この引用で言う「レジリエンス（resilience）」とは、近年、さまざまな領域で言及されるようになった注目すべき概念である。この言葉は、「攪乱を吸収し、基本的な機能と構造を保持し続けるシステムの能力」を意味する。

[4] レジリエンスの概念をもう少し詳しく説明しよう。レジリエンスは、もともとは（注1）物性科学のなかで物質が元の形状に戻る「弾性」のことを意味する。六〇年代になると生態学や自然保護運動の文脈で用いられるようになった。そこでは、生態系が変動と変化に対して自己を維持する過程という意味で使われた。しかし、ここで言う「自己の維持」とは単なる物理的な弾力のことではなく、環境の変化に対して動的に応じていく適応能力のことである。

5 レジリエンスは、回復力（復元力）、あるいは、（注2）サステナビリティと類似の意味合いをもつが、Aそこにある微妙な意味の違いに注目しなければならない。たとえば、回復とはあるベースラインや基準に戻ることを意味するが、レジリエンスでは、かならずしも固定的な原型が想定されていない。絶えず変化する環境に合わせて流動的に自らの姿を変更しつつ、それでも目的を達成するのがレジリエンスである。レジリエンスは、均衡状態に到達するための性質ではなく、発展成長する動的過程を（ア）ソクシンするための性質である。

6 また、サステナビリティに関しても、たとえば、「サステナブルな自然」といったときには、唯一の均衡点が生態系のなかにあるかのように期待されている。しかしこれは自然のシステムの本来の姿とは合わない。レジリエンスで目指されているのはケン（イ）コウな（注3）ダイナミズムである。レジリエンスには適度な失敗が最初から包含されている。たとえば、小規模の森林火災は、その生態系にとって資源の一部を再構築し、栄養を再配分することで自らを更新する機会となる。こうした小規模の火災まで防いでしまうと、森林は燃えやすい要素をため込み、些細な発火で破滅的な大火災にまで発展してしまう。

7 さらに八〇年代になると、レジリエンスは、心理学や精神医学、（注4）ソーシャルワークの分野で使われるようになった。そこでは、ストレスや災難、困難に対処して自分自身を維持する抵抗力や、病気や変化、不運から立ち直る個人の心理的な回復力として解釈される。

8 たとえば、（注5）フレイザーは、ソーシャルワークと教育の分野におけるレジリエンスの概念の重要性を主張する。従来は、患者の問題を専門家がどう除去するかという医学中心主義的な視点でソーシャルワークが行われていた。患者の問題の原因は患者自身にあるとされ、患者を治療する専門家にケアの方針を決定する（ウ）ケンゲンが渡された。こうして患者は医師に依存させられてきた。これに対して、レジリエンスに注目するソーシャルワークでは、患者の自発性や潜在能力に着目し、患者に中心をおいた援助や支援を行う。

9 フレイザーのソーシャルワークの特徴は、人間と社会環境のどちらかではなく、その間の相互作用に働きかけることにある。（注6）クライエントの支援は、本人の持つレジリエンスが活かせる環境を構築することに焦点が置かれる。たとえば、発達障害のある子どもに対して、特定の作業所で務められるような仕事をどの子どもにも同じように教えることは妥当ではない。そうすると身につけられる能力が（エ）カタヨって特定の作業所に依存してしまい、学校から作業所へという流れの外に出ることができなくなる。それでは一種の隔離になる。子どもの潜在性に着目して、職場や環境が変わっても続けられる仕事につながるような能力を開発すべきである。

10 Bここでレジリエンスにとって重要な意味をもつのが「脆弱性（vulnerability）」である。通常脆弱性はレジリエンスとは正反対の意味を持つと考えられている。レジリエンスは、ある種の（オ）ガンケンさを意味し、脆弱性とは回復力の不十分さを意味するからである。しかし見方を変えるなら、脆弱性は、レジリエンスを保つための積極的な価値となる。なぜなら、脆弱性とは、変化や刺激に対する敏感さを意味しており、このようなセンサーをもったシステムは、環境の不規則な変化や撹乱、悪化にいち早く気づけるからである。たとえば、災害に対して対応力に富む施設・建築物を作り出したいのなら、障害者や高齢者、妊娠中の女性にとって避難しやすい作りにすることが最善の策となる。

11 さらに、近年の（注7）エンジニアリングの分野においては、レジリエンスは、安全に関する新しい発想法として登場した。レジリエンス・エンジニアリングとは、複雑性を持つ現実世界に対処できるように、適度な（注8）冗長性を持ち、柔軟性に富んだ組織の能力を高める方法を見いだすものである。エンジニアリングの分野では、レジリエンスは、環境の変化に対して自らを変化させて対応する柔軟性にきわめて近い性能として解釈される。

12 以上のように、レジリエンスという概念に特徴的なことは、それが自己と環境の動的な調整に関わることである。回復力とは、システムどうしが相互作用する一連の過程から生じるものであり、システムが有している内在的性質ではない。レジリエンスの獲得には、当人や当該システムの能力の開発のみならず、その能力に見合うように環境を選択したり、現在の環境を改変したりすることも求められる。レジリエンスは、複雑なシステムが、変化する環境のなかで自己を維持するために、環境との相互作用を連続的に変化させながら、環境に柔軟に適応していく過程のことである。

13 レジリエンスがこうした意味での回復力を意味するのであれば、cそれをミニマルな福祉の基準として提案できる。すなわち、ある人が変転する世界を生きていくには、変化に適切に応じる能力が必要であって、そうした柔軟な適応力を持てるようにすることが、福祉の目的である。福祉とは、その人のニーズを充足することである。ニーズとは人間的な生活を送る上で必要とされるものである。ニーズを充足するには他者から与えられるものを受け取るばかりではなく、自分自身でそのニーズを能動的に充足する力を持つ必要がある。そうでなければ、自律的な生活を継続的に送れないからである。

14 レジリエンスとは、自己のニーズを充足し、生活の基本的条件を維持するために、個人が持たねばならない最低限の回復力である。人間は静物ではなく、生きている。したがって、傷ついて、病を得て、あるいは、脆弱となって自己のニーズを満たせなくなった個人に対してケアする側がなすべきは、物を修復するような行為ではないし、単に補償のための金銭を付与することでもない。物を復元することと、生命あるものが自己を維持することとはまったく異なる。生命の自己維持活動は自発的であり、生命自身の能動性や自律性が要求される。したがって、ケアする者がなすべきは、さまざまに変化する環境に対応しながら自分のニーズを満たせる力を獲得してもらうように、本人を支援することである。

（河野哲也『境界の現象学』による）

注1　物性科学―物質の性質を解明する学問。
注2　サステナビリティ―持続可能性。「サステイナビリティ」と表記されることも多い。後出の「サステナブルな」は「持続可能な」の意。
注3　ダイナミズム―動きのあること。
注4　ソーシャルワーク―社会福祉事業。それに従事する専門家が「ソーシャルワーカー」。
注5　フレイザー―マーク・W・フレイザー（一九四六―）。ソーシャルワークの研究者でレジリエンスの提唱者。
注6　クライエント―相談者、依頼人。「クライアント」ともいう。
注7　エンジニアリング―工学。
注8　冗長性―ここでは、余裕を持たせておくこと。

問一　傍線部（ア）～（オ）の漢字と同じ漢字を含むものを、次の各群の①～⑤のうちから、それぞれ一つずつ選べ。

(ア)　ソクシン
① 組織のケッソクを固める
② 距離のモクソクを誤る
③ 消費の動向をホソクする
④ 自給ジソクの生活を送る
⑤ 返事をサイソクする

(イ) ケンコウ

① ショウコウ状態を保つ
② 賞のコウホに挙げられる
③ 大臣をコウテツする
④ コウオツつけがたい
⑤ ギコウを凝らした細工

(ウ) ケンゲン

① マラソンを途中でキケンする
② ケンゴな意志を持つ
③ ケンギを晴らす
④ 実験の結果をケンショウする
⑤ セイリョクケンを広げる

(エ) カタヨって

① 雑誌をヘンシュウする
② 世界の国々をヘンレキする
③ 図書をヘンキャクする
④ 国語のヘンサチが上がった
⑤ 体にヘンチョウをきたす

（オ）ガンケン

① タイガンまで泳ぐ
② 環境保全にシュガンを置く
③ ドリルでガンバンを掘る
④ 勝利をキガンする
⑤ ガンキョウに主張する

問二 傍線部Ａ「そこにある微妙な意味の違い」とあるが、どのような違いか。その説明として最も適当なものを、次の①～⑤のうちから一つ選べ。

① 回復力やサステナビリティには基準となるベースラインが存在しないが、レジリエンスは弾性の法則によって本来の形状に戻るという違い。
② 回復力やサステナビリティは戻るべき基準や均衡状態を期待するが、レジリエンスは環境の変化に応じて自らの姿を変えていくことを目指すという違い。
③ 回復力やサステナビリティは環境の変動に応じて自己を更新し続けるが、レジリエンスは適度な失敗を繰り返すことで自らの姿を変えていくという違い。
④ 回復力やサステナビリティは生態系の中で均衡を維持する自然を想定するが、レジリエンスは均衡を調整する動的過程として自然を捉えるという違い。
⑤ 回復力やサステナビリティは原型復帰や均衡状態を目指すが、レジリエンスは自己を動的な状態に置いておくこと自体を目的とするという違い。

問三　傍線部B「ここでレジリエンスにとって重要な意味をもつのが、『脆弱性（vulnerability）』である。」とあるが、それはどういうことか。その説明として最も適当なものを、次の①～⑤のうちから一つ選べ。

① 近年のソーシャルワークでは、人の自発性や潜在能力に着目して支援を行う。そのとき脆弱性は、被支援者が支援者にどれだけ依存しているかを測る尺度となるため、特定の人物に過度の依存が起こらない仕組みを作るにあたって重要な役割を果たすということ。

② 近年のソーシャルワークでは、環境に対する抵抗力の弱い人々を支援する。そのとき脆弱性は、変化の起こりにくい環境に変化を起こす刺激として働くため、障害者や高齢者といった人々が周囲の環境の変化に順応していく際に重要な役割を果たすということ。

③ 近年のソーシャルワークでは、被支援者の適応力を活かせるような環境を構築する。そのとき脆弱性は、環境の変化に対していち早く反応するセンサーとして働くため、非常時に高い対応力を発揮する施設や設備を作る際などに重要な役割を果たすということ。

④ 近年のソーシャルワークでは、人間と環境の相互作用に焦点を置いて働きかける。そのとき脆弱性は、周囲の変化に対する敏感なセンサーとして働くため、人間と環境の双方に対応をうながし、均衡状態へと戻るための重要な役割を果たすということ。

⑤ 近年のソーシャルワークでは、人と環境の復元力を保てるように支援を行う。そのとき脆弱性は、人の回復力が不十分な状態にあることを示す尺度となるため、障害者や高齢者などを支援し日常的な生活を取り戻す際などに重要な役割を果たすということ。

問四　傍線部C「それをミニマルな福祉の基準として提案できる」とあるが、それはどういうことか。その説明として最も適当なものを、次の①〜⑤のうちから一つ選べ。

① 個人が複雑な現実世界へ主体的に対応できるシステムを、福祉における最小の基準とすることができる。これに基づいて、支援者には被支援者が主体的に対応できるよう必要な社会体制を整備することが求められるということ。

② 個人がさまざまな環境に応じて自己の要求を充足してゆく能力を、福祉における最小の基準とすることができる。これに基づいて、支援者には被支援者がその能力を身につけるために補助することが求められるということ。

③ 個人が環境の変化の影響を受けずに自己のニーズを満たせることを、福祉における最小の基準とすることができる。これに基づいて、支援者には被支援者が自己のニーズを満たすための手助けをすることが求められるということ。

④ 個人が環境の変化の中で感じたニーズを満たすことを、福祉における最小の基準とすることができる。これに基づいて、支援者には被支援者のニーズに応えて満足してもらえるよう尽力することが求められるということ。

⑤ 個人が生活を維持するための経済力を持つことを、福祉における最小の基準とすることができる。これに基づいて、支援者には被支援者に対する金銭的補償にとどまらず、多様な形で援助することが求められるということ。

問五　次に示すのは、本文を読んだ後に、三人の生徒が話し合っている場面である。本文の趣旨を踏まえ、空欄に入る発言として最も適当なものを、後の次の①〜⑤のうちから一つ選べ。

教　師――この文章の主題はレジリエンスでしたね。ずいぶん専門的な事例がたくさん挙げられていましたが、ここで説明されていることを、皆さん自身の問題として具体的に考えてみることはできないか、グループで話し合ってみましょう。

生徒A――最初に出てくるヨットのたとえ話は比較的イメージしやすかったな。ここで説明されていることを、もう少し身近な場面に置きかえてみればいいのかな。

生徒B――海の様子しだいで船の中の状況も全然違ってくるという話だったよね。環境の変化という問題は私たちにとっても切実だよ。４段落に「自己の維持」と書かれているけど、このごろは、高校を卒業して新しい環境に入っても、今までのように規則正しい生活習慣をしっかり保ち続けられるかどうか、心配していたところなんだ。

生徒C――そういうことだろうか。この文章では、さまざまに変化する環境の中でどんなふうに目的に向かっていくか、ということが論じられていたんじゃないかな。５段落には「発展成長する動的過程」ともあるよ。こういう表現は何だか私たちのような高校生に向けられているみたいだね。

生徒A――たしかにね。[　　　]。

生徒B――なるほど。「動的」ってそういうことなのか。少し誤解してたけど、よくわかった気がするよ。

①　発展とか成長の過程というのは、私は部活のことを考えると納得したな。まったく経験のない競技を始めたけど、休まず練習を積み重ねたからこそ、最後には地区大会で優勝できたんだよ

②　私が部活で部長を引き継いだとき、以前のやり方を踏襲したのにうまくいかなかったんだ。でも、新チームで話し合って現状に合うように工夫したら、目標に向けてまとまりが出てきたよ

③　授業の時間でも生活の場面でも、あくまで私たちの自由な発想を活かしていくことが大切なんだね。

そうすることで、ひとりひとりの個性が伸ばされていくということなんじゃないかな

④　私たちが勉強する内容も時代に対応して変化しているんだよね。だからこそ、決まったことを学ぶだけでなく、将来のニーズを今から予想していろんなことを学んでおくのが重要なんだよ

⑤　環境の変化に適応する能力は大事だと思うんだ。同じ教室でも先生が授業している時と休み時間に友達どうしでおしゃべりしている時とは違うのだから、オンとオフは切り替えなきゃ

問六　この文章の表現と構成について、次の（ⅰ）・（ⅱ）の問いに答えよ。

（ⅰ）この文章の表現に関する説明として適当なものを、次の①～④のうちから一つ選べ。

①　2段落の最初の文と第2文は「としよう」で終わっているが、どちらの文も仮定の状況を提示することで、読者にその状況を具体的に想像させる働きがある。

②　4段落の最後の文の「ここで言う」は、直後の語句が他の分野で使われている意味ではなく、筆者が独自に規定した意味で用いていることに注意をうながす働きがある。

③　6段落の最初の文の「といったときには」は、直前の表現は本来好ましくないが、あえて使用しているという筆者の態度を示す働きがある。

④　8段落の第3文の「あるとされ」は、筆者から患者に対する敬意を示すことで、患者に対しても配慮のある丁寧な文章にする働きがある。

（ⅱ）この文章の構成に関する説明として適当でないものを、次の①～④のうちから一つ選べ。

①　2段落では、レジリエンスについて他者の言葉で読者にイメージをつかませ、3段落では、筆者の言葉で意味を明確にしてこの概念を導入している。

② 5段落と6段落では、3段落までに導入したレジリエンスという概念と、類似する他の概念との違いを詳しく説明し、レジリエンスについての説明を補足している。

③ 4段落、7段落、11段落では、時系列順にそれぞれの時代でどのようにレジリエンスという概念が拡大してきたかを紹介している。

④ 13段落では、これまでの議論を踏まえ、レジリエンスという概念について一般的な理解を取り上げた後、筆者の立場から反論している。

第六講〈解説〉

問一

漢字の問題ですので、番号のみ書いておきます。

(ア)⑤、(イ)①、(ウ)①、(エ)④、(オ)⑤

問二

傍線Aとイコールの内容を考える問題でした。まずは直前に注目です。「レジリエンスは、回復力（復元力）、あるいは、(注2)サステナビリティと類似の意味合いをもつが、Aそこにある微妙な意味の違い」とあります。カッコで囲んでおきましょう。ここを読めば、傍線A＝「レジリエンスとサステナビリティの違い（X）」だとわかりますね。では、このXとは何でしょうか。傍線Aの直後を見れば、「レジリエンスでは、かならずしも固定的な原型が想定されていない。絶えず変化する環境に合わせて流動的に自らの姿を変更しつつ、それでも目的を達成するのがレジリエンスである」とあります。カッコで囲んであげてください。ここから、X「レジリエンスとサステナビリティの違い」＝「環境に合わせて自己を変化させるか否か（Y）」だとわかります。三段論法を使えば、傍線A＝Yになりますので、Yを捉えている②が答えです。

問三

傍線B「ここでレジリエンスにとって重要な意味をもつのが、『脆弱性（vulnerability）』である」とイコールの内容を答える問題です。これは要するに「レジリエンスにとって脆弱性は大切なものだ」と述べています。これとイコールの内容は、傍線Bの少し後を見ればわかります。「脆弱性とは、変化や刺激に対する敏感さを意味しており、このようなセンサーをもったシステムは」と書かれていました。線を引いておきましょう。ここから、傍線B＝「脆弱性は変化や刺激に対するセンサー」だとわかります。どちらも「脆弱性が大切になる」という内容だからです。これと合致する③が正解でした。

問四

傍線Cとイコールの内容を考える問題です。傍線の中にある「それ」に注目するのもアリですが、今回はもっとラクに解けます。傍線C直後の「すなわち」をマルで囲んでください。この言葉の前後は無条件でイコールになります。「すなわち」の後ろには「ある人が変転する世界を生きていくには、変化に適切に応じる能力が必要であって、そうした柔軟な適応力を持てるようにすることが、福祉の目的である」と書かれていました。ここをカッコで囲んでしっかり読んであげましょう。「すなわち」の前後はイコールですから、傍線C＝「環境に適切に応じる適応力を持てるようにするのが福祉だ」が成り立ちますので、それと合致する②が答えです。

問五

設問の会話文の後半に空欄がありますね。この空欄の直後に注目です。「［　　］。生徒B――なるほど。「動的」ってそういうことなのか」とあります。線を引いておきましょう。ここから、空欄＝動的だとわかります。第五段落の最後に注目です。「動的過程」という言葉があります。マルで囲みましょう。「動的」という言葉があるので、怪しいです。怪しいと思いながら文章を読み、「絶えず変化する環境に合わせて流動的に自らの姿を変更しつつ、それでも目的を達成するのがレジリエンスである。レジリエンスは、均衡状態に到達するための性質ではなく、発展成長する動的過程を（ア）ソクシンするための性質である。」をカッコで囲みます。ここから、動的＝「環境に合うよう、発展成長させていくこと」だとわかります。それと合致するのは「現状に合うように」と言っている②ですから、それが答えです。⑤も惜しいのですが、最後の部分が不適切です。オンとオフの切替えという話はしていません。

問六 i

該当の段落を見て、各選択肢をチェックしていきましょう。まずは①からです。第一文の「ヨットの中」、第二文の「荒れた海」をマルで囲みます。そして、①の選択肢の「仮定の状況を提示する」・「具体的に想像させる」に線を引きます。まさに第一段落の第一文・第二文は仮定の状況を提示し、具体的な場面を想像させます。ということで、①が答えです。

②の選択肢は少し紛らわしいですね。内容的には大体正しいのですが、「ここで言う」と「注意をうながす」に線を引いてください。「ここで言う」という言葉に「注意してね」と呼びかける効果はありませんので、不適切です。

③は選択肢の「あえて使用しているという筆者の態度を示す」に線を引き、×をつけてください。「といったときには」は、あくまで「その場合は」と言っているだけで、線を引いたところのような効果はありません。最後に④ですが、「敬意を示す」が不適切なので、線を引き、×を付けください。第八段落の「あるとされ」を見ても、敬意を表しているとは読み取れません。「そのようなものだとみなされている」という意味で使われているだけですね。

問六 ii

不適切なものを選ぶ問題です。④が答えです。最後の部分に「筆者の立場から反論」とありますが、おかしいです。第十三段落はレジリエンスを福祉でも活用していこうと「提案」している段落であり、何かに反論しているような場所ではありません。

解答

問一 (ア) ⑤、(イ) ①、(ウ) ①、(エ) ④、(オ) ⑤　問二 ②　問三 ③　問四 ②　問五 ②

問六 i ①　問六 ii ④

MEMO

第七講

第七講〈問題〉

1 現代社会は科学技術に依存した社会である。近代科学の成立期とされる十六世紀、十七世紀においては、そもそも「科学」という名称で認知されるような知的活動は存在せず、伝統的な自然哲学の一環としての、一部の好事家による楽しみの側面が強かった。しかし、十九世紀になると、科学研究は「科学者」という職業的専門家によって各種高等教育機関で営まれる知識生産へと変容し始める。既存の知識の改訂と拡大のみを生業とする集団を社会に組み込むことになったのである。さらに二十世紀になり、国民国家の競争の時代になると、科学は技術的な威力と結びつくことによって、この競争の重要な戦力としての力を発揮し始める。二度にわたる世界大戦が科学技術の社会における位置づけを決定的にしていったのである。

2 第二次世界大戦以後、科学技術という営みの存在は膨張を続ける。(注1)プライスによれば科学—技術という営みは十七世紀以来十五年で(ア)バイゾウするという速度で膨張してきており、二十世紀後半の科学技術の存在は(注2)GNPの二パーセント強の投資を要求するまでになってきているのである。現代の科学技術は、かつてのような思弁的、宇宙論的伝統に基づく自然哲学的性格を失い、A先進国の社会体制を維持する重要な装置となってきている。

3 十九世紀から二十世紀前半にかけては科学という営みの規模は小さく、にもかかわらず技術と結びつき始めた科学—技術は社会の諸問題を解決する能力を持っていた。「もっと科学を」というスローガンが説得力を持ち得た所以である。しかし二十世紀後半の科学—技術は両面価値的存在になり始める。現代の科学—技術では、自然の仕組みを解明し、宇宙を説明するという営みの比重が下がり、実験室の中に天然では生じない条件を作り出し、そのもとでさまざまな人工物を作り出すなど、自然に介入し、操作する能力の開発に重点が移動している。その結果、永らく人類を脅かし苦しめてきた病や災害といった自然の脅威を制御できるようになってきたが、同時に、科学―技術の作り出した人工物が人類にさまざまな災いをもたらし始めてもいるのである。科学―技術が恐るべき速度で生み出す新知識が、われわれの日々の生活に商品や製品として放出されてくる。いわゆる「(注3)環境ホルモン」や地球環境問題、先端医療、情報技術などがその例である。Bこうして「もっと科学を」というスローガンの説得力は低下し始め、「科学が問題ではないか」という新たな意識が社会に生まれ始めているのである。

4 しかし、科学者は依然として「もっと科学を」という発想になじんでおり、このような「科学が問題ではないか」という問いかけを、科学に対する無知や誤解から生まれた情緒的反発とみなしがちである。ここからは、素人の一般市民への科学教育の充実や、科学啓蒙プログラムの展開という発想しか生まれないのである。

5 このような状況に一石を投じたのが科学社会学者の(注4)コリンズとピンチの『ゴレム』である。ゴレムとはユダヤの神話に登場する怪物である。人間が水と土から創り出した怪物で、魔術的力を備え、日々その力を増加させつつ成長する。人間の命令に従い、人間の代わりに仕事をし、外敵から守ってくれる。しかしこの怪物は不器用で危険な存在でもあり、適切に制御しなければ主人を破壊する威力を持っている。コリンズとピンチは、現代では、科学が、全面的に善なる存在か全面的に悪なる存在かのどちらかのイメージに引き裂かれているという。そして、このような分裂したイメージを生んだ理由は、科学が実在と直結した無謬《むびゅう》の知識という神のイメージで捉えられてきており、科学が自らを実態以上に美化することによって過大な約束をし、それが必ずしも実現しないことが幻滅を生み出したからだという。つまり、全面的に善なる存在というイメージが科学者から振りまかれ、他方、(注5)チェルノブイリ事故や(注6)狂牛病に象徴されるような事件によって科学への幻滅が生じ、一転して全面的に悪なる存在というイメージに変わったというのである。

6 コリンズとピンチの処方箋は、科学者が振りまいた当初の「実在と直結した無謬の知識という神のイメージ」を科学の実態に即した「不確実で失敗しがちな向こう見ずでへまをする巨人のイメージ」、つまりCゴレムのイメージに取りかえることを主張したのである。そして、科学史から七つの具体的な実験をめぐる論争を取り上げ、近年の科学社会学研究に基づくケーススタディーを提示し、科学上の論争の終結がおよそ科学哲学者が想定するような論理的、方法論的決着ではなく、さまざまなヨウ(イ)インが絡んで生じていることを明らかにしたのである。

7 彼らが扱ったケーススタディーの一例を挙げよう。一九六九年に(注7)ウェーバーが、十二年の歳月をかけて開発した実験装置を用いて、(注8)重力波の測定に成功したと発表した。これをきっかけに、追試をする研究者があらわれ、重力波の存在をめぐって論争となったのである。この論争において、実験はどのような役割を果たしていたかという点が興味深い。追試実験から、ウェーバーの結果を否定するようなデータを手に入れた科学者は、それを発表するかいなかという選択の際に(ウ)ヤッカイな問題を抱え込むのである。否定的な結果を発表することは、ウェーバーの実験が誤りであり、このような大きな値の重力波は存在しないという主張をすることになる。しかし、実は批判者の追試実験の方に不備があり、本当はウェーバーの検出した重力波が存在するということが明らかになれば、この追試実験の結果によって彼は自らの実験能力の低さを公表することになる。

8 学生実験の場合には、実験をする前におおよそどのような結果になるかがわかっており、それと食い違えば実験の失敗がセン(エ)コクされる。しかし現実の科学では必ずしもそうはことが進まない。重力波の場合、どのような結果になれば実験は成功といえるかがわからないのである。重力波が検出されれば、実験は成功なのか、それとも重力波が検出されなければ、実験は成功なのか。しかしまさに争点は、重力波が存在するかどうかであり、そのための実験なのである。何が実験の成功といえる結果なのかを、前もって知ることはできない。重力波が存在するかどうかを知るために、「優れた検出装置を作らなければならない。しかし、その装置を使って適切な結果を手に入れなければ、装置が優れたものであったかどうかはわからない。しかし、優れた装置がなければ、何が適切な結果かということはわからない……」。コリンズとピンチはこのような循環を「実験家の悪循環」と呼んでいる。

9 重力波の論争に関しては、このような悪循環が生じ、その存在を完全に否定する実験的研究は不可能であるにもかかわらず（存在、非存在の可能性がある）、結局、有力科学者の否定的発言をきっかけにして、科学者の意見が雪崩を打って否定論に傾き、それ以後、(注9) 重力波の存在は明確に否定されたのであった。つまり、論理的には重力波の存在もしくは非存在を実験によって決着をつけられていなかったが、科学者共同体の判断は、非存在の方向で収束したということである。

10 コリンズとピンチは、このようなケーススタディーをもとに、「もっと科学を」路線を批判するのである。民主主義国家の一般市民は確かに、原子力発電所の建設をめぐって、あるいは遺伝子組み換え食品の是非についてなどさまざまな問題に対して意思表明をし、決定を下さねばならない。そしてそのためには、一般市民に科学に「ついての」知識ではなく、科学知識そのものを身につけさせるようにすべきだ、と主張される。しかしこのような論争を伴う問題の場合には、どちらの側にも科学者や技術者といった専門家がついているではないか。そしてこの種の論争が、専門家の間でさえ、ケーススタディーが明らかにしたように、よりよい実験やさらなる知識、理論の発展あるいはより明晰な思考などによっては必ずしも短期間に解決できないのであり、それを一般市民に期待するなどというのはばかげていると主張するのである。彼らはいう。一般市民に科学をもっと伝えるべきであるという点では、異論はないが、伝えるべきことは、科学の内容ではなく、専門家と政治家やメディア、そしてわれわれとの関係についてなのだ、と。

11 科学を「実在と直結した無謬の知識という神のイメージ」から「ゴレムのイメージ」（＝「ほんとうの」姿）

でとらえなおそうという主張は、科学を一枚岩とみなす発想を掘り崩す効果をもっている。そもそも、高エネルギー物理学、ヒトゲノム計画、古生物学、工業化学などといった一見して明らかに異なる領域をひとしなみに「科学」となぜ呼べるのであろうか、という問いかけをわれわれは真剣に考慮する時期にきている。

12 Dにもかかわらず、この議論の仕方には問題がある。コリンズとピンチは、一般市民の科学観が「実在と直結した無謬の知識という神のイメージ」であり、それを「ゴレム」に取り替えよ、それが科学の「ほんとうの」姿であり、これを認識すれば、科学至上主義の裏返しの反科学主義という病理は(オ)イやされるという。しかし、「ゴレム」という科学イメージはなにも科学社会学者が初めて発見したものではない。歴史的にはポピュラーなイメージといってもよいであろう。メアリー・シェリーが『フランケンシュタインあるいは現代のプロメテウス』を出版したのは一八一八年のことなのである。その後も、スティーブンソンの『ジキル博士とハイド氏』、H・G・ウェルズの『モロー博士の島』さらにはオルダス・ハクスリーの『すばらしき新世界』など、科学を怪物にたとえ、その暴走を危惧するような小説は多数書かれており、ある程度人口に膾炙《かいしゃ》していたといえるからである。

13 結局のところ、コリンズとピンチは科学者の一枚岩という「神話」を掘り崩すのに成功はしたが、その作業のために、「一枚岩の」一般市民という描像を前提にしてしまっている。一般市民は一枚岩的に「科学は一枚岩」だと信じている、と彼らは認定しているのである。言いかえれば、科学者はもちろんのこと、一般市民も科学の「ほんとうの」姿を知らないという前提である。では誰が知っているのか。科学社会学者という答えにならざるを得ない。科学を正当に語る資格があるのは誰か、という問いに対して、コリンズとピンチは「科学社会学者である」と答える構造の議論をしてしまっているのである。

(小林傳司「科学コミュニケーション」による)

注1　プライス――デレク・プライス（一九二二～一九八三）。物理学者・科学史家。
注2　GNP――国民総生産（Gross National Product）。GNI（国民総所得 Gross National Income）に同じ。
注3　環境ホルモン――環境中の化学物質で、生体内でホルモンのように作用して内分泌系をかく乱するとされるものの通称。その作用については未解明の部分が多い。
注4　コリンズとピンチ――ハリー・コリンズ（一九四三～）とトレヴァー・ピンチ（一九五二～）のこと。『ゴレム』は、一九九三年に刊行された共著である。
注5　チェルノブイリ事故――一九八六年四月二十六日、旧ソ連にあったチェルノブイリ原子力発電所の四号炉で起きた溶解、爆発事故のこと。
注6　狂牛病――BSE（Bovine Spongiform Encephalopathy　ウシ海綿状脳症）。牛の病気。脳がスポンジ状になって起立不能に陥り、二週間から半年で死に至る。病原体に感染した家畜の肉や骨から製造された人工飼料（肉骨粉）によって発症・感染した可能性が指摘されている。一九八六年、イギリスで最初の感染牛が確認された。
注7　ウェーバー――ジョセフ・ウェーバー（一九一九～二〇〇〇）。物理学者。
注8　重力波――時空のゆがみが波となって光速で伝わる現象。一九一六年にアインシュタインがその存在を予言していた。
注9　重力波の存在は明確に否定された――ウェーバーによる検出の事実は証明されなかったが、二〇一六年、アメリカの研究チームが直接検出に成功したと発表した。

問一　傍線部（ア）～（オ）の漢字と同じ漢字を含むものを、次の各群の①～⑤のうちから、それぞれ一つずつ選べ。

（ア）バイゾウ

① 細菌バイヨウの実験
② 印刷バイタイ
③ 裁判におけるバイシン制
④ 事故のバイショウ問題
⑤ 旧にバイしたご愛顧

（イ）ヨウイン

① 観客をドウインする
② ゴウインな勧誘に困惑する
③ コンイン関係を結ぶ
④ インボウに巻き込まれる
⑤ 不注意にキインした事故を防ぐ

（ウ）ヤッカイ

① ごリヤクがある
② ツウヤクの資格を取得する
③ ヤクドシを乗り切る
④ ヤッキになって反対する

⑤ ヤッコウがある野草を探す

(エ) センコク
① 上級裁判所へのジョウコク
② コクメイな描写
② コクビャクのつけにくい議論
④ コクソウ地帯
⑤ 筆跡がコクジした署名

(オ) イやされる
① 物資をクウユする
② ヒユを頻用する
③ ユエツの心地を味わう
④ ユチャクを断ち切る
⑤ キョウユとして着任する

問二　傍線部Ａ「先進国の社会体制を維持する重要な装置となってきている」とあるが、それはどういうことか。その説明として最も適当なものを、次の①〜⑤のうちから一つ選べ。

① 現代の科学は、伝統的な自然哲学の一環としての知的な楽しみという性格を失い、先進国としての威信を保ち対外的に国力を顕示する手段となることで、国家の莫大な経済的投資を要求する主要な分野

へと変化しているということ。

② 現代の科学は、自然の仕組みを解明して宇宙を説明するという本来の目的から離れて、人々の暮らしを自然災害や疾病から守り、生活に必要な製品を生み出すことで、国家に奉仕し続ける任務を担うものへと変化しているということ。

③ 現代の科学は、「科学者」という職業的専門家による小規模な知識生産ではなくなり、為政者の厳重な管理下に置かれる国家的な事業へと拡大することで、先進国間の競争の時代を継続させる戦略の柱へと変化しているということ。

④ 現代の科学は、「もっと科学を」というスローガンが説得力を持っていた頃の地位を離れ、世界大戦の勝敗を決する戦力を生み出す技術となったことで、経済大国が国力を向上させるために重視する存在へと変化しているということ。

⑤ 現代の科学は、人間の知的活動という側面を薄れさせ、自然に介入しそれを操作する技術により実利的成果をもたらすことで、国家間の競争の中で先進国の体系的な仕組みを持続的に支える不可欠な要素へと変化しているということ。

問三 傍線部B「こうして『もっと科学を』というスローガンの説得力は低下し始め、『科学が問題ではないか』という新たな意識が社会に生まれ始めているのである。」とあるが、それはどういうことか。その説明として最も適当なものを、次の①〜⑤のうちから一つ選べ。

① 二十世紀前半までの科学は、自然の仕組みを知的に解明するとともに自然の脅威と向き合う手段を提供したが、現代における技術と結びついた科学は、自然に介入しそれを操作する能力の開発があまりにも急激で予測不可能となり、その前途に対する明白な警戒感が生じつつあるということ。

② 二十世紀前半までの科学は、自然哲学的な営みから発展して社会の諸問題を解決する能力を獲得したが、現代における技術と結びついた科学は、研究成果を新商品や新製品として社会へ一方的に放出する営利的な傾向が強まり、その傾向に対する顕著な失望感が示されつつあるということ。

③ 二十世紀前半までの科学は、日常の延長上で自然の仕組みを解明することによって社会における必要度を高めたが、現代における技術と結びついた科学は、実験室の中で天然では生じない条件の下に人工物を作り出すようになり、その方法に対する端的な違和感が高まりつつあるということ。

④ 二十世紀前半までの科学は、その理論を応用する技術と強く結びついて日常生活に役立つものを数多く作り出したが、現代における技術と結びついた科学は、その作り出した人工物が各種の予想外の災いをもたらすこともあり、その成果に対する全的な信頼感が揺らぎつつあるということ。

⑤ 二十世紀前半までの科学は、一般市民へ多くの実際的な成果を示すことによって次の段階へと貪欲に進展したが、現代における技術と結びついた科学は、その新知識が市民の日常的な生活感覚から次第に乖離するようになり、その現状に対する漠然とした不安感が広がりつつあるということ。

問四　傍線部C「ゴレムのイメージに取りかえることを主張したのである」とあるが、それはどういうことか。その説明として最も適当なものを、次の①〜⑤のうちから一つ選べ。

① 全面的に善なる存在という科学に対する認識を、超人的な力を増加させつつ成長するがやがて人間に従属させることが困難になる怪物ゴレムのイメージで捉えなおすことで、現実の科学は人間の能力の限界を超えて発展し続け将来は人類を窮地に陥れる脅威となり得る存在であると主張したということ。

② 全面的に善なる存在という科学に対する認識を、水と土から産み出された有益な人造物であるが不器

用な面を持ちあわせている怪物ゴレムのイメージで捉えなおすことで、現実の科学は自然に介入し操作できる能力を獲得しながらもその成果を応用することが容易でない存在であると主張したということ。

③ 全面的に善なる存在という科学に対する認識を、魔術的力とともに日々成長して人間の役に立つが欠陥が多く危険な面も備える怪物ゴレムのイメージで捉えなおすことで、現実の科学は新知識の探求を通じて人類に寄与する一方で制御困難な問題も引き起こす存在であると主張したということ。

④ 全面的に善なる存在という科学に対する認識を、人間の手で創り出されて万能であるが時に人間に危害を加えて失望させる面を持つ怪物ゴレムのイメージで捉えなおすことで、現実の科学は神聖なものとして美化されるだけでなく時には幻滅の対象にもなり得る存在であると主張したということ。

⑤ 全面的に善なる存在という科学に対する認識を、主人である人間を守りもするがその人間を破壊する威力も持つ怪物ゴレムのイメージで捉えなおすことで、現実の科学は適切な制御なしにはチェルノブイリ事故や狂牛病に象徴される事件を招き人類に災いをもたらす存在であると主張したということ。

問五　傍線部D「にもかかわらず、この議論の仕方には問題がある。」とあるが、それはなぜか。その理由として最も適当なものを、次の①〜⑤のうちから一つ選べ。

① コリンズとピンチは、「ゴレム」という科学イメージを利用することによって、初めて科学の「ほんとうの」姿を提示し科学至上主義も反科学主義も共に否定できたとするが、それ以前の多くの小説家も同様のイメージを描き出すことで、一枚の岩のように堅固な一般市民の科学観をたびたび問題にしてきたという事実を、彼らは見落としているから。

② コリンズとピンチは、さまざまな問題に対して一般市民自らが決定を下せるように、市民に科学をもっ

と伝えるべきだと主張してきたが、原子力発電所建設の是非など、実際の問題の多くは「科学者」という職業的専門家の間でも簡単に解決できないものであり、単に科学に関する知識を伝えるだけでは、市民が適切に決定を下すには十分でないから。

③　コリンズとピンチは、科学を裂け目のない一枚の岩のように堅固なものと見なしてきたそれまでの科学者を批判し、古生物学、工業化学などといった異なる領域を一括りに「科学」と呼ぶ態度を疑問視しているが、多くの市民の生活感覚からすれば科学はあくまでも科学であって、実際には専門家の示す科学的知見に疑問を差しはさむ余地などないから。

④　コリンズとピンチは、歴史的にポピュラーな「ゴレム」という科学イメージを使って科学は無謬の知識だという発想を批判したが、科学者と政治家やメディア、そして一般市民との関係について人々に伝えるべきだという二人の主張も、一般市民は科学の「ほんとうの」姿を知らない存在だと決めつける点において、科学者と似た見方であるから。

⑤　コリンズとピンチは、これまでの科学者が振りまいた一枚の岩のように堅固な科学イメージを突き崩すのに成功したが、彼らのような科学社会学者は、科学に「ついての」知識の重要性を強調するばかりで、科学知識そのものを十分に身につけていないため、科学を正当に語る立場に基づいて一般市民を啓蒙していくことなどできないから。

問六　この文章の表現と構成・展開について、次の（ⅰ）・（ⅱ）の問いに答えよ。

（ⅰ）この文章の第1〜8段落の表現に関する説明として適当でないものを、次の①〜④のうちから二つ選べ。

①　第1段落の「『科学者』という職業的専門家」という表現は、「科学者」が二十世紀より前の時代では

一般的な概念ではなかったということを、かぎ括弧をつけ、「という」を用いて言いかえることによって示している。

② 第5段落の「このような状況に一石を投じた」という表現は、コリンズとピンチの共著『ゴレム』の主張が当時の状況に問題を投げかけ、反響を呼んだものとして筆者が位置づけているということを、慣用句によって示している。

③ 第6段落の「コリンズとピンチの処方箋」という表現は、筆者が当時の状況を病理と捉えたうえで、二人の主張が極端な対症療法であると見なされていたということを、医療に関わる用語を用いたたとえによって示している。

④ 第8段落の「優れた検出装置を〜。しかし〜わからない。しかし〜わからない……」という表現は、思考が循環してしまっているということを、逆接の言葉の繰り返しと末尾の記号によって示している。

(ii) この文章の構成・展開に関する説明として適当でないものを、次の①〜④のうちから一つ選べ。

① 第1〜3段落では十六世紀から二十世紀にかけての科学に関する諸状況を時系列的に述べ、第4段落ではその諸状況が科学者の高慢な認識を招いたと結論づけてここまでを総括している。

② 第5〜6段落ではコリンズとピンチの共著『ゴレム』の趣旨と主張をこの文章の論点として提示し、第7〜9段落で彼らの取り上げたケーススタディーの一例を紹介している。

③ 第10段落ではコリンズとピンチの説明を追いながら彼らの主張を確認し、第11段落では現代の科学における多様な領域の存在を踏まえつつ、彼らの主張の意義を確認している。

④ 第12段落ではコリンズとピンチの議論の仕方に問題のあることを指摘した後に具体的な事例を述べ、第13段落ではコリンズとピンチの主張の実質を確認して、筆者の見解を述べている。

MEMO

第七講〈解説〉

問一

漢字の問題ですので、番号のみ書いておきます。

(ア) ⑤、**(イ)** ⑤、**(ウ)** ③、**(エ)** ①、**(オ)** ④

問二

傍線Aとイコールの内容を考える問題でした。これは、傍線と選択肢を見比べ、イコールになるかどうか判断していく問題です。要するに、イコールの内容を文中から見つけていくという、普通のやり方では対処できない問題だったのです。たまにはこういうこともありますね。さて傍線に「先進国の社会体制を維持する」とあります。これに線を引きましょう。そして、⑤の選択肢の「先進国の体系的な仕組みを持続的に支える」にも線を引いてください。これ、全く同じことを言っていますね。イコールです。ということで、⑤が答えでした。

問三

傍線Bとイコールの内容を答える問題です。文中から傍線を見つけ、後半に注目です。「『科学が問題ではないか』という新たな意識が社会に生まれ始めている」をカッコで囲み、Xと置きましょう。このXとイコールの内容は第三段落の後半ですね。「科学―技術の作り出した人工物が人類にさまざまな災いをもたらし始めてもいるのである」にカッコをつけてください。災いをもたらすのであれば、問題ですね。要するに、X「『科学が問題ではないか』という新たな意識が社会に生まれ始めている」＝「科学が災いをもたらすと考えるようになった」ですから、答えとなる選択肢にもその内容があるはずです。①か④ですね。ただ、①は選べません。この選択肢の「能力の開発があまりにも急激で予測不可能となり」に線を引き×をつけてください。この内容は確認できませんから、④が答えです。

このように、傍線の一部に注目し、そことイコールの内容を探っていくという場合もあります。

問四

傍線Cとイコールの内容を答える問題です。傍線の直前に「つまり」とありますね。これを利用したいところですが、この前を参考にして選択肢を選ぼうとしても、絞り切れなかったはずです。ここでは、問三と同じように、傍線の一部に注目していきます。文中から傍線を見つけ、「ゴレムのイメージ」に線を引きます。これとイコールの内容を考えていきましょう。第五段落の前半ですが、「この怪物（ゴレムのことです）は不器用で危険な存在でもあり、適切に制御しなければ主人を破壊する威力を持っている」とありました。カッコで囲んでおきましょう。ここから、X「ゴレムのイメージ」＝「適切な制御が必要であるというイメージ」だとわかります。それと合致するのは③ですね。この選択肢前半の「欠陥が多く危険な面も備える」がその内容を捉えています。

問五

傍線Dの理由を答える問題でした。「この議論」というのは、コリンズとピンチの議論ですね。これより前に書かれていたのは彼らの議論だけです。傍線Dでは、その二人の議論に問題があると言っているのです。前には特にそういった話は出てこなかったので、後ろを読んでいきましょう。すると、十三段落に問題点が出てきますね。「科学者はもちろんのこと、一般市民も科学の「ほんとうの」姿を知らないという前提である。では誰が知っているのか。科学社会学者という答えにならざるを得ない。科学を正当に語る資格があるのは誰か、という問いに対して、コリンズとピンチは「科学社会学者である」と答える構造の議論をしてしまっているのである」とあります。よく読んだうえで、カッコで囲みましょう。彼らの議論では、「一般市民は科学のほんとうの姿を知らないので、科学を語っていいのは科学社会学者だけという結論になってしまう（X）」のです。これは問題ですね。一般市民にも語る資格はあるはずです。ということで、コリンズとピンチの議論に問題がある（＝傍線D）の理由はXですから、その内容が述べられている④が答えです。最後のところの「一般市民は科学の『ほんとうの』姿を知らない存在だと決めつける」がXと合致します。

問六 i

おかしい選択肢を答える問題です。③の選択肢をご覧ください。そして「対症療法」をマルで囲みましょう。第六段落を見ても、二人の主張が極端な対症療法だとは書かれていませんので、不適切ですから、これが答えでした。

問六 ii

こちらもおかしい選択肢を選ぶ問題です。①の選択肢をご覧ください。時系列的をマルで囲みます。時系列的というのであれば、一段落→三段落→二段落の順番になるはずです。時系列的というのは、順番通りということだからです。ということで、①が不適切なので答えです。

解答

問一　(ア)⑤、(イ)⑤、(ウ)③、(エ)①、(オ)④　問二　5　問三　4　問四　3

問五　4　問六　i…3　ii…1

MEMO

第八講

第八講〈問題〉

[1]翻訳文学とは何であるのか。外国文学が翻訳されれば、それがただちに翻訳文学と化すわけではない。海外の文学が翻訳されて日本人読者に供される。それが、日本文学とまったく同じようにではないにしても、やはり「文学」として読まれ、「文学」として流通していく。まずこれが、翻訳文学の満たすべき第一条件である。さらに翻訳文学という語感には、そうして「文学」として読まれた海外文学が、日本の文学や文化に、さらには日本語表現に確かな波動を及ぼして、時にそれらの流れや仕組みを変えるような影響力を発揮することへの、予感や期待のごときものもまた含まれているだろう。このように、「文学」として認知され、読まれ、日本文学の流れの中に取りこまれ、それを書き換える可能性を秘めたものを、本書では翻訳文学と呼ぶわけである。

明治維新によって急速な近代化を強いられた日本にとって、翻訳とは、西洋文明に学び、その成果を取り入れて近代国家の骨格を整えるために必要な、国家的事業とさえ言えた。その際に採用されたのは、明治以前に中国文学を翻訳移入したのと同様の方法であった。明治半ばにかけて、国字や国語をめぐる改良論が取り交わされ、英語の国語化、漢字廃止論、ローマ字採用、日本語表記の表音文字化などが喧しく議論された。だが最終的に明治国家は、漢文読み下し文と和文の二重構造からなる日本語で欧文を翻訳していくことで、西欧最新の学識と知識を移入していく道を選び取ったのである。こうして翻訳文献は、近代日本の文学・文化が、西欧近代のそれと切り結んできた諸関係の痕跡をたどる、格好のフィールドワークの場となった。翻訳文学もまた、その例外ではない。かくして翻訳文学研究はわが国の比較文学研究において長らく特権的とさえ言える地位を占めて、今日に至っているのである。

翻訳文学はまず第一に、日本人読者と外国文学とを結ぶ、最も太くかつ重要な回路であった。翻訳文学の体系的な考察を抜きにして、ある外国作家およびその作品が、日本でいかなる運命をたどり、日本近現代文学にいかなる影響を与えたのかを究明することはまず不可能である。

翻訳文学は第二に、「今日当然書かれていなければならぬ文学作品を、言わば翻訳という形で示したもの」（大山定一・吉川幸次郎『洛中書問』、秋田屋、一九四六年）として、［A］役割を担うべきものとしてあった。翻訳文学は同時代の日本文学に、それまで供給されなかった主題や素材をふんだんに提供するとともに、日本文学いや日本にはいまだ根付いていない新しい感性や、新たなものの見方を導入し、新ジャンルや新概念を創出する、有効な［B］として機能していったのである。

翻訳文学は第三に、訳語という形で日本語に新たな語彙をもたらし、言文一致運動の推進力の一つとなるともに、小説や詩の新文体創成に深く関与していった。西欧の言語表現を受け入れ、日本語の文章の内に取り込んでいく過程で、翻訳文学は自国語の可能性を押し広げ、その限界に挑戦し、新たなる表現や文体の発生を促して、日本語、日本文学、日本文化に生命と活力を与え続けてきたのである。翻訳文学が近代日本にもたらしたこうした可能性の多くが、実は、欧文をその構造をまったく異にする日本語に移し変える過程で避けがたく生じる「差異」や「ずれ」が、日本語の既成の枠組みを激しく揺さぶることを効果として生じたものである点も見逃すべきではない。

今日、翻訳文学を含む翻訳の研究全般において、世界中で隆盛を誇っているのは、翻訳学（translation studies）という学際的な学問領域である。Translation Studies の translation ももちろんそうだが、世界で翻訳が論じられる際に使われる translation（あるいはそれに相当するそれぞれの外国語）は、日本語の「翻訳」よりは、かなり幅の広い語義をもつ。日本語の「翻訳」が二言語間の変換行為とほぼ同義であるのに対して、translation のほうは多くの場合、社会や文化やコミュニケーションの根底にあってそれらを司るものを、日本語の「翻訳」よりは上位にある概念を指す。2それは、「他者」の言語や文化を読解・解釈し、それを自言語や自文化に変換し再構成していく、操作や過程の全般を含む概念なのである。

そのようなtranslationを研究する翻訳学は必然的に、グローバリズム、多文化主義の進行する世界の中で、「他者」の理解と解釈の可能性と方向性を指し示す学問分野となる。翻訳学が成立した一九七〇年代半ば、その拠点の一つがイスラエルであったことからも察せられるように、それは発生学的に、そして本質的に、マイノリティへの視線、マイノリティの側からの発信を基調とする学問領域であった。

翻訳学は、言語や文化の壁を越えて「等価性」(equivalence)がいかに成立するか否か、成立するならそれはいかなる条件下においてであるかを探ることをその基本的テーマとする。すなわち、原文とその翻訳とが、形こそ変われ、等しい価値を持つか持たないかを、そこで作用している規範や法則や条件ともども、考察の対象とするのである。翻訳文学研究もまた、外国文学がいかに自国語において等価のものに移し換えられているか、つまり、外国語文学が、ただの「文学」の翻訳ではなくして、[C]たり得ているか否かを検証しようとする。もちろん、「等価性」とは、特定の時代や空間や文化の構造と無縁に成立するものではないから、翻訳文学が原典の「文学」と等価なものであるかどうかを考えていく上では、原文と翻訳テクストとを取り囲む文化システム双方に対する十分な目配りが欠かせない。こうして、文学、文化、歴史、言語のシステムの内に、確立されたシステムに革新と変化をもたらす潜在力をもったものとして位置づけられてはじめて、翻訳文学は翻訳研究、比較文学・比較文化研究の学問的考察の対象となるのである。

*ロマン・ヤコブソンは、異言語に変換され形が変化しても、なお等価性が成立することを、翻訳における最も根本的なテーゼであると考えた(「翻訳の言語学的側面について」、一九五九年)。等価性の成立要件は、もちろん、時代や社会や文化など、原文および翻訳テクストの外部にのみ求められるものではない。翻訳者が原文を読解し、解釈し、自言語で再現したものを、読者が読み、解釈する。そうした言うなれば内在的な認識・解釈の過程もま

た、十分に考慮に入れなくてはならないのである。（ア）

たとえば、アメリカ文学の古典、＊マーク・トゥエーン『ハックルベリー・フィンの冒険』などは、その自由闊達で奔放な語り口調や、ほら話的なユーモアの魅力が、言語・文化の壁に遮られて伝わりにくい――つまり、日本語に翻訳するに際して等価性が成立しにくい――作品の一つの典型であろう。これが＊ヘミングウェイの短篇作品なら、その独特の文体が[3]ショウヘキになって、ただそれを愚直に直訳しただけでは、なかなか文学作品と呼ぶにふさわしい文体にはなってくれない。だが、翻訳の過程でその真価が大幅に損なわれたはずであるにもかかわらず、『ハックルベリー・フィンの冒険』やヘミングウェイ短篇は、わが国の外国文学受容史の中で確固たる位置を占め、日本近現代文学に有形無形の持続的な効力を発揮し続けてきたのである。そうした事実は、主題やヒーロー像の魅力だけで説明し尽くせるものでは、おそらくないだろう。トゥエーンやヘミングウェイのテクストそれぞれの基底に、言うなれば、言語・文化の壁を越えて作用する、「創造的な核」のようなものが秘められていて、そうした創造性の振幅が翻訳のベールを通り越して伝わり、異なる言語・文化を共振させたからだ。そんな風には考えてみることはできないだろうか。（イ）

ここで仮に「創造的な核」と名付けてみたものが原文テクスト内に現れるとき、それは含蓄に富んだ、多様な解釈を許容する表現という形をとるだろう。もちろん、言語化されぬまま、それが原文テクストの空隙や沈黙としてとどまっている場合もある。どちらにしても、それを翻訳することは困難を極めるだろうし、かりに翻訳できたとしても、訳語や訳文が一義的に決定されるとはまず考えにくい。原文のこうした箇所に、解釈の幅を残さぬような訳文を与えてしまうことは、むしろ誤訳とさえ言える。もちろん原文の難所は、それを母語とする読者といえども、容易に解読したり、その意味するところを言い当てたりできるものではない。そうした解釈も翻訳も困難な原文の難所については、翻訳を重ね、他言語でもって繰り返しなぞっていくことくらいしか、その核心に接近していく手立てはないのかもしれない。少なくとも、原文の解釈困難な箇所を、単一言語の枠内に留めることなく、複数言語に向けて開いていくことが、有効な接近手段の一つであることだけは間違いないだろう。原文の「創造的な核」が——あるいはテクストの空隙や沈黙が——異なる言語・文化に共振を引き起こすとしたら、それはまさにこういう［D］な回路を介してでしかない。優れた文学作品はこうして様々に解釈され、多様な言語に翻訳され、読み継がれていく。そうしてその「4死後の生」を豊かにし、さらなる成熟を遂げていくのである。(ウ)

翻訳文学とグローバリズムとの関係を考えていく上で、あらためてその重みを増しているのは、世界文学という概念であろう。今日、すべての日本現代文学は、執筆される時点ですでに、それが翻訳される可能性を、すなわち翻訳されて世界文学市場に並ぶ可能性を内包していると考えられる。現代日本作家は誰もが、程度の差こそあれ、グローバルな世界文学空間に接続しているという意識のもとで筆を進めているはずである。作家のそうした構えは、主題の選択、人物設定から、おそらくはその文体にまで及ぶ。「翻訳される可能性」と、そうした意識、構えとは、表裏一体のものとして、互いに支え合うものとしてあるはずである。実際にその作品がのちに、村上春樹のように世界各国で翻訳されるのか否かは、差し当たって問題ではない。(エ)

比較文学・比較文化研究という学問は、同一事象の切り取り方や経験の仕方は、各言語文化共同体それぞれで異なるという言語文化相対主義的立場を、基本的には拠り所としてきた。その分析手法としては、原文による緻密な読解を通して、テクスト固有の価値と豊かさを味わうという、伝統的な精読の方法を固持し続けてきた。そうした基本姿勢からすれば、翻訳を介して世界文学市場に流通する文学商品のイメージや実態が、非本質的なものとして、ともすれば視野の埒外に置かれてしまうのもやむを得ないことではある。だが今や比較文学は、＊デイヴィッド・ダムロッシュの主張するように(『世界文学とは何か?』、二〇〇三年)、翻訳を通じて失われるものではなく、むしろその過程で獲得されるもののほうに、あらためて積極的に向き合う必要があるのではなかろうか。原典と翻訳との間の距離やせめぎ合いをテクストに即してしかと検証しつつも、翻訳文学を介して世界文

学の多様性に参画することの、魅力に満ちた可能性のほうにも、同時に目を向けるべきであるように思われるのである。（オ）

（井上健「序にかえて――翻訳文学への視界――」による）

＊ロマン・ヤコブソン＝ロシア生まれのアメリカの言語学者。
＊マーク・トゥエーン＝アメリカの小説家。
＊ヘミングウェイ＝アメリカの小説家。
＊デイヴィッド・ダムロッシュ＝アメリカの文学者。

問一　傍線部1「翻訳文学とは何であるのか」とあるが、筆者が考える翻訳文学の特徴に当てはまらないものを次の①～⑤から選べ。

① 自国の文学（日本文学）に一定の影響を与え得る。
② 国字や国語の改良論の議論を喚起し得る。
③ 自国の言語（日本語）に新しい表現や文体をもたらし得る。
④ それ自体が一つの「文学」として認識され得る。
⑤ 日本人読者と外国文学をつなぐ回路となり得る。

問二　空欄 A に入るものとして最適なものを次の①～⑤から選べ。

① 日本の近代化を力強く推し進める

② 西欧の最新動向を幅広く紹介する
③ 成長途上の自国文学の空隙をしばし埋める
④ 西欧文学における欠陥を補う
⑤ 自国文学を創作する際の手本となる

問三 空欄［B］に入る語句として最適なものを次の①～⑤から選べ。
①触媒 ②比喩 ③文体 ④論理 ⑤理念

問四 傍線部2の指示語「それ」の指示対象として最適なものを次の①～⑤から選べ。
①日本語の「翻訳」 ②翻訳文学 ③翻訳学
④ translation ⑤社会や文化やコミュニケーションの根底

問五 空欄［C］に入る語句として最適なものを次の①～⑤から選べ。
①変換行為 ②日本文学 ③翻訳文学 ④翻訳研究 ⑤比較文学

問六 傍線部3「ショウヘキ」を漢字にせよ。

問七 空欄［D］に入る語句として最適なものを次の①～⑤から選べ。
①等価的 ②再帰的 ③恣意的 ④論理的 ⑤単一的

問八　傍線部４「死後の生」が表す内容として最適なものを次の①～⑤から選べ。

① 作者が残した遺稿の文学的価値を高めるために翻訳を積み重ねていくこと。
② 様々な解釈のもとで、多様な言語に翻訳され、多くの人に享受されていくこと。
③ 市場に広く流通させることで作品の商品的な価値のみを高めていくこと。
④ 解釈に困難をきたす原文の難所に、あえて解釈の幅を残すように翻訳すること。
⑤ 多様な言語の母語話者達の意見を参考にして、理想的な翻訳を作り上げていくこと。

問九　次の一文は、本文中の（ア）（イ）（ウ）（エ）（オ）のいずれかの箇所に入るものである。この一文が入る最適な箇所を次の①～⑤から選べ。

異なる文化や言語の内に移植され、読まれ、新たな作品を生み出す契機になるという予見や可能性とまったく無縁の地平では、もはや文学の創作もそうした創作の研究も存立しえなくなっている、という点こそが肝心なのである。

①（ア）　②（イ）　③（ウ）　④（エ）　⑤（オ）

第八講〈解説〉

問一

翻訳文学の特徴に当てはまらないものを答える問題でした。結論から言うと、②が答えです。この選択肢の「改良論」・「喚起し得る」に線を引いてください。そして、「喚起し得る」の方に×をつけましょう。ここが不適切です。というのも、傍線①がある段落の次の段落に注目です。この段落の初めの方に「改良論」と書かれていますから、そこをマルで囲みます。この前後を見ても、翻訳文学と改良論の関係は読み取れません。その両者が関係あるように書いてある②は不適切だったということです。そして、不適切なものを答える問題ですから、これが答えです。

問二

空欄Aに入る言葉を答える問題でした。まずは空欄Aの前後に注目してください。「翻訳文学は第二に、『今日当然書かれていなければならぬ文学作品を、言わば翻訳という形で示したもの』（大山定一・吉川幸次郎『洛中書問』、秋田屋、一九四六年）として、［A］役割を担うべきものとしてあった。」とあります。ここの「翻訳文学は」と「［A］役割を担うべきものとしてあった」に線を引きます。ここから、［A］役割を担うべきもの（X）＝翻訳文学（Y）だとわかります。では、翻訳文学とはなんでしょうか。ご覧いただきたいのが、空欄Aの直後からです。「翻訳文学は同時代の日本文学に、それまで供給されなかった主題や素材をふんだんに提供するとともに、日本文学いや日本にはいまだ根付いていない新しい感性や、新たなものの見方を導入し、新ジャンルや新概念を創出する」とあります。ここから、Y「翻訳文学」＝「今まで日本になかった感性や見方を供給するもの

（Z）」だとわかります。X＝Yで、Y＝Zですから、X＝Zも成り立ちます。［A］役割を担うべきもの＝感性や見方を供給するものだったということです。Aに③を入れれば、XとZがともに「日本になかったものを入れる」という内容になりますので、③が答えです。

問三

空欄Bに入る言葉を考える問題でした。先ほど見たところと被りますが、まずは空欄Aの直後からをカッコで囲みます。「翻訳文学は同時代の日本文学に、それまで供給されなかった主題や素材をふんだんに提供するとともに、日本文学いや日本にはいまだ根付いていない新しい感性や、新たなものの見方を導入し、新ジャンルや新概念を創出する、有効な［B］として機能していったのである。」というところです。間にごちゃごちゃ書かれていましたが、要するに、「翻訳文学って、Bとして機能するんだよ」と書かれていたわけです。（このように内容をまとめるときは、主語・主部と述語・述部に注目するといいですね）要するに、「Bとして機能するもの（X）」＝翻訳文学（Y）です。ここから先も問一と話が重なりますが、Y「翻訳文学」＝「今まで日本になかった感性や見方を供給するもの」でしたね。この内容になりそうな選択肢を選びます。難しい言葉ですが、答えは①の触媒です。本来は「反応速度を高めるもの」という意味ですが、要するにここでは「変化を起こすもの」という内容で使われているでしょう。確かに今までなかったものが供給されれば変化が起こります。

問四

傍線2「それ」が指している内容を考える問題です。傍線2を見つけ、その少し前からをチェックです。「日本語の『翻訳』よりは上位にある概念を指す。2それは」とありました。これをカッコで囲みます。それ＝日本語の翻訳よりも上位の概念（X）ですね。では、このXとイコールの内容を探します。傍線2の直前ですが、「世界で翻訳が論じられる際に使われるtranslation（あるいはそれに相当するそれぞれの外国語）は、日本語の『翻訳』よりは、かなり幅の広い語義をもつ」とありますので、ここをカッコで囲みましょう。ここを見れば、翻訳よりもtranslationの方が上位だとわかります。X「日本語の翻訳よりも上位の概念」＝translationだったわけです。したがって、④が答えです。

問五

空欄Cに入る言葉を考える問題でした。その少し前からに注目です。まず「外国文学がいかに自国語において等価のものに移し換えられているか」をカッコで囲み、その後ろの「つまり」にマルを付けます。そして、その後ろの「外国語文学が、ただの『文学』の翻訳ではなくして、［C］たり得ているか」をカッコで囲みましょう。「つまり」の前後は必ずイコールになります。要するに、［C］足り得ている＝「等価のものになっている（X）」です。それでは、このXとイコールの内容を考えましょう。Cの少し後ろです。「もちろん、『等価性』とは、特定の時代や空間や文化の構造と無縁に成立するものではないから、翻訳文学が原典の『文学』と等価なものであるかどうかを考えていく上では」をカッコで囲みます。ここから、翻訳文学とは、原典と等価でなければならないのだとわかります。つまり、X「等価のものになっている」＝「翻訳文学になっている」です。三段論法を使えば、「［C］足り得ている＝翻訳文学になっている」ですから、Cには翻訳文学が入ります。したがって、**3**が答えでした。

問六

漢字の問題です。「障壁」が答えです。

問七

空欄Dに入る言葉を考える問題でした。Dの直前からをご覧ください。「異なる言語・文化に共振を引き起こすとしたら、それはまさにこういう D な回路を介してでしかない」と書かれています。カッコで囲んでください。ここから、 D な回路＝「共振につながるもの（X）」だとわかりますから、今度はこのXとイコールの内容を考えていきましょう。Dの二文前のところですが、「翻訳を重ね、他言語でもって繰り返しなぞっていくことくらいしか、その核心に接近していく手立てはないのかもしれない」をカッコで囲んでください。ここを読めば、X「共振につながるもの」＝「繰り返しなぞること」だとわかります。共振というのは、刺激を与え合うことを意味しますが、核心に近づけば、そういった現象も起こるでしょう。いずれにせよ、三段論法を使えば、「 D な回路＝繰り返しなぞるような回路」です。両者をイコールにするためには、②の「再帰的」を入れればよいですね。再帰的と言ったら、「行ったり来たりする」という意味にもなりますから、「繰り返しなぞる」と合致します。

問八

傍線5「死後の生」とイコールの内容を答える問題でした。傍線の直前に注目です。「その」と書いてあります。マルで囲みましょう。この言葉の前後はイコールです。そして、「その」の前には「優れた文学作品はこうして様々に解釈され、多様な言語に翻訳され、読み継がれていく」と書かれています。ここをカッコで囲みます。先に申した通り、「その」の前後はイコールですから、傍線4とカッコで囲んだところがイコールですので、そこと各選択肢を見比べていけばＯＫです。2の「多くの人に享受されていく」に線を引きましょう。カッコを付けたところの「読み継がれていく」と合致します。前半も問題なく同内容になっていますね。**2**が答えです。

問九

いわゆる脱落文挿入の問題です。脱落文ラストの「という点こそが肝心なのである」とあります。ここから、脱落文の前には「肝心でないこと」が書かれていると予想されます。その内容を探していくと、エの前が良いですね。「差し当たって問題ではない」に線を引きましょう。これは「肝心ではない」という内容ですから、問題ありません。ということで、エに脱落文が入りますので、④が答えです。

解答

問一　②　問二　③　問三　①　問四　④　問五　③
問六　障壁　問七　②　問八　②　問九　④

<著者プロフィール>

長島 康二（ながしま こうじ）

読解ラボ東京 代表
学生時代より予備校の教壇に立ち、現在も大学受験予備校・有名私立高校で最上位生から基礎クラスまで担当している。あやふやで、「なぜそれが答えになるのか？」と疑問が残る国語の授業が多い中で、文章の読み方や問題の解き方を体系化することにより、確固たる得点力を養成する授業を展開。ロジカルな思考から繰り出される「本当に納得できる授業」は圧倒的な支持を得ており、毎年定員による締め切り講座が続出している。

大学入試 現代文・実践編
別冊付・書き込み式学習で偏差値アップ！

2021年10月4日　　初版第1刷発行

著　者　　長島 康二
発 行 者　　池田 雅行
発 行 所　　株式会社 ごま書房新社
〒102-0072
東京都千代田区飯田橋 3-4-6
新都心ビル 4F
TEL 03-6910-0481（代）
FAX 03-6910-0482
カバーデザイン　（株）オセロ 大谷 浩之
D T P　　ビーイング 田中 敏子
印刷・製本　　精文堂印刷株式会社

ISBN978-4-341-13268-2 C7081

ごま書房新社の本

長島康二
〈大学入試・現代文〉シリーズ

大学入試
現代文・
一問一答

定価1430円（税込） A5判 204頁
ISBN978-4-341-13266-8 C7081

まず、"MARCH突破"の極意を伝授！

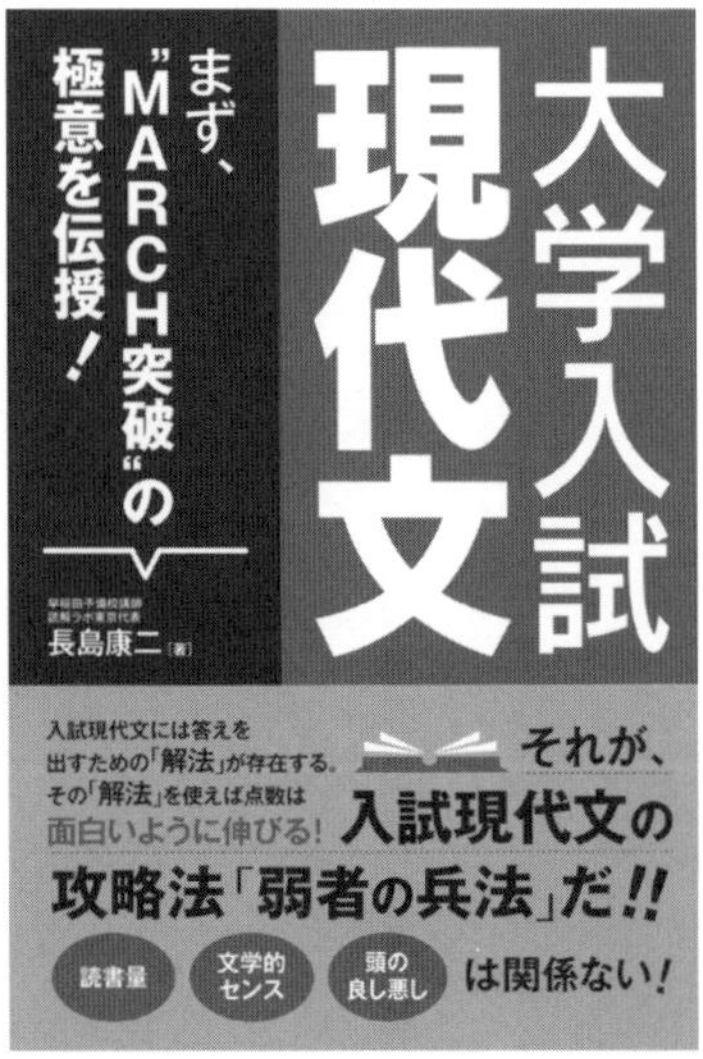

定価1540円（税込） 四六判 184頁
ISBN978-4-341-08691-6 C7081

記述問題の答えを導き出す"解法"を取得する一冊！

定価1540円（税込） 四六判 194頁
ISBN978-4-341-08720-3 C7081

大学入試 現代文・実践編 書き込み用別冊

第一講〈問題〉

歌をうたうことは、ほとんどすべての社会で見出される。喜びや悲しみ、怒りや絶望、労働の楽しみや辛さ、祈りや希望、美しい風景や忘れえぬ出来事、さまざまな感情や出来事を、人間の社会は言葉をリズムとメロディに乗せた「歌」という形で表現し、うたい、伝承してきた。だが、ここで考えたいのは歌という表現の[X]性についてではない。人が歌をうたうときそこでうたっているのは誰なのか？歌の言葉はいったい誰の言葉なのかということを、ここでは考えてみたいのである。

歌の言葉は誰のものなのだろうか？

歌を作った人のものだろうか？

多くの場合私たちは、自分で作ったのではなく他人の手になる歌をうたう。にもかかわらず私たちは、しばしばそうした歌を、私の心情を表現する私自身の言葉のように、[1]文字どおり“私の歌”としてうたうことがある。その言葉が私の現在の状況や心情と重なりあうものではないにもかかわらず、その歌をうたうことでそうした状況や心情をまさに我がことのように感じ、うたうこともある。自分自身でうたわなくとも、誰かがうたう歌を、まさに私の気持ちを表わしたものであるかのように聴き、ときに涙することもある。自分の中で言葉にならず、形を与えられなかった感情が、ある歌の中に見出されてしまうこともある。独りではなく複数の人間とともに同じ歌をうたい、あるいは聴くとき、それによって、場合によってはそれまで見も知らぬ他人であった人びととの間で、同じ歌の言葉が「私たちの言葉」であるかのように響くこともある。こうしたとき、歌の言葉は他人の言葉であると同時に私の言葉や私たちの言葉として、ときに私自身が自ら発する言葉よりもはるかに私の心と共鳴し、自他の間を流れ、結ぶものとしてうたわれ、聴かれるのである。

優れた歌い手とは、他人の言葉を我が言葉としてうたい、聴く者にもその歌を、まさに我が歌として聴かせることができる者のことだろう。そのとき、うたっているのはその歌い手なのだろうか？　それとも歌が、歌い手の口を借りてうたっているのだろうか？

そもそも民衆の間に伝承されてきた歌は、特定の誰かに帰属する言葉ではなく、その歌をうたいついできた人びとの集団に帰属する言葉である。このことは、多くの人びとに聴かれ、口ずさまれる今日の流行歌についても言える。なるほど、現代の流行歌には作詞者や作曲者、特定の歌い手があり、彼らの権利は①チョ作権によって守られている。その意味では現代の歌は法権利上、作詞者と作曲者と、歌い手のものだと言える。だがしかし、その歌が多くの人びとによって〝私の歌〟や〝私たちの歌〟として聴かれ、うたわれるとき、その歌の言葉は、法権利上はともかく歌をうたう営みにおいては、それを聴き、うたう個々の人びとの、そして彼らのあつまりとしての大衆のものになっている。ある歌をうたい、共有することを通じて人は、共時的な、そして通時的な広がりの中で他の人びととともにある関係を生きるのだ。

きわめて個人的な気持ちや思いをうたう歌が、多くの人の心を捉え、口ずさまれるものにもなりうる。そしてまた、私を超えた「我われ」の言葉としての歌の言葉が、私の口を通じて「我われの歌」としてうたわれることもある。だからこそ、ある歌をともにうたわされることが、私の意に染まない「我われ」へと私たちを②ドウ員するために利用されることもある。

歌の言葉は私たちの外側にあると同時に、私たちの内側にある。それは他人が作った言葉として私たちの外側からやってきて、私たちの中に入り込み、私たちの心情と共鳴し、私たちの言葉としてうたわれる。

私が歌の作り手で、私自身が作った歌をうたう場合でも、このことは変わらない。なぜなら、私が自分の歌を作るその言葉は、私が自分で作り出した言葉ではなく、かつて私がその中に赤ん坊として産み落とされ、他人たちが話すのを聞いて覚え、習得していった「他者の言葉」であるからだ。私が作る歌の言葉は、かつて私が聞いた言葉の群れから選び出される。そしてそれは、聞き手の中で、聞き手がかつて聞いたさまざまな言葉の群れと共振し、共鳴する言葉として聞かれるだろう。個々の歌は、その歌が作られる言語の大海の中に浮かんだ島、あるいは共時的、通時的に広がる「私たちの言葉」の大地の上に芽生え、花開いた草木のようなものだ。そして歌をうたい、また聴く人びともまた、そうした言語の大海に浸かり、大地に根を張ってその歌をうたい、聴く。

だから歌を聴き、うたうとき、人は歌の経験を通じて社会を生きている。歌とは、そのような生きられる社会の経験である。歌をうたうとき、私たちは他者たちの言葉を我が言葉、我らが言葉としてうたうのであり、そうした歌の言葉によって「うたう私」や「うたう我ら」になり、歌の経験を他者とともにある関係として生きる。それは別の言い方をすれば、[2]歌にうたわれることによって「うたう私」「うたう我ら」として他者たちとともにある関係を生きるということである。このとき人は、歌に対して能動的であると同時に受動的である。人は歌によって感情や出来事を表現し、伝達するが、同時にまた歌によってある感情や出来事を我がものとしてうたわされ、生きさせられるのだ。

このことは、けれども歌だけにあてはまるのではない。それは言葉一般に、私たちが話し、語り、読み、そして考えること全般について言えることだ。

私たちは言葉を話す主体であると同時に、言葉によって話しかけられる客体であり、言葉を話させられる媒体なのだ。ここで「媒体」というのは、歌の言葉のように私の外側から来た言葉が、私を通じてうたわれるようなあり方のことを意味している。たとえば社会学者としての私は、社会学の言葉を自ら語る主体であるけれども、それはまた、私を通じて社会学の言葉がしゃべっているということでもある。これを「憑③イ」と呼んでもよいだろう。ある言葉を語るとは、ある言葉が語り手にとり憑いて、その言葉を語る巫者や霊媒のような存在にすることだ。英語で「媒体」を意味するmediumには「霊媒」という意味もある。神や精霊、あるいは死者に憑かれた巫者や霊媒は、まさにとり憑いた神や精霊や死者となってその口から語るのである。

すでに言語のある世界の中に生み出されるという意味では、3言語は私たちに先立って存在するが、個々人の成育に即して言えば言語は私たちの身体に後から宿り、身体と身体の関係を仲立ちする特定の場としての［Y］、おしゃべりやお話や物語や小説や、その他さまざまな言葉の世界を形作ってゆく。語り継がれる言葉を基点にして考えると、私たちの身体は言語が宿り、それを通じて語るという意味で言語にとっての媒体だが、私たちの身体を基点として考えるならば、言語は身体間の関係を媒④カイし、身体と身体の間の働きかけや、身体と世界との関係に多様な意味を与え、複雑化してゆく媒体なのだ。言語は私たちの中にあると同時に、私たちの間にあって、私たちの生きる世界を形作るのである。

（若林幹夫「うたっているのは誰？」による）

問一　①〜④のカタカナの部分の漢字と同じ漢字を含むものを、それぞれの群から一つずつ選べ。

① チョ作権
A　チョ蓄をする
B　チョ名な作家になる
C　情チョが安定する
D　チョ突猛進する

② ドウ員
A　ドウ盟を結ぶ
B　ドウ入部分を書く
C　鍾乳ドウを訪れる
D　ドウ機を語る

③ 憑イ
A　講演をイ頼する
B　死者をイ霊する
C　核兵器のイ力を感じる
D　仕事をイ嘱する

④ 媒カイ
A　大海をカイ遊する
B　事件にカイ入する
C　仕事をカイ雇される
D　カイ速電車に乗る

問二　空欄［X］に当てはまる言葉として、最も適切なものを次の中から一つ選べ。

A　**個別**　　B　**全体**　　C　**特殊**　　D　**普遍**

問三　傍線1「文字どおり」と同じ意味になる四字熟語を次の中から一つ選べ。

A　**異口同音**　　B　**徹頭徹尾**　　C　**正真正銘**　　D　**一字一句**

問四　傍線2「歌にうたわれる」とあるが、そのような状態にあるものを、筆者は何と言っているか。最も適切なものを次の中から一つ選べ。

A　**主体**　　B　**客体**　　C　**霊媒**　　D　**精霊**

問五　傍線3「言語は私たちに先立って存在する」とあるが、「私たちに先立って存在する」言語の状態を説明している比喩表現として、最も適切なものを次の中から一つ選べ。

A　**島**　　B　**大地**　　C　**草木**　　D　**根**

問六　空欄［Y］に当てはまる言葉として、最も適切なものを次の中から一つ選べ。

A　**言語的シンボルの世界**
B　**言語的ダイナミズムの世界**
C　**言語的フィクションの世界**
D　**言語的コミュニケーションの世界**

第二講〈問題〉

仕事柄、現代の若者たちのコミュニケーション問題について、たくさんのインタビューを受ける。マスコミは当然、「いまどきの若者のコミュニケーション能力は危機に瀕している」とか、「子どもたちのコミュニケーション能力が急速に低下している」といったセンセーショナルな文言を並べたがる。しかし、実際には、多くの言語学者、社会学者に聞いても、彼らが良心的な研究者であればあるほど、そういった学問的な統計は出してこない。

もちろん「近頃の若者は、コミュニケーション能力が低下していると思いますか？」といった類の、印象だけを聞くアンケート調査なら、「低下」「著しく低下」といった回答が多く出てくるだろうが、しかしそれを根拠づける学問的統計は(a)カブンにして聞いたことがない。

では、いったい、何が問題になっているのだろうか。私は、現今の「コミュニケーション問題」は、大きく二つのポイントから見ていくべきだと考えている。一つは「①コミュニケーション問題の顕在化」という視点。もう一つは、「コミュニケーション能力の多様化」という視点。

若者全体のコミュニケーション能力は、どちらかと言えば向上している。「近頃の若者は……」としたり顔で言うオヤジ評論家たちには、「でも、あなたたちより、いまの子たちの方がダンスはうまいですよ」と言ってあげたいといつも私は思う。人間の気持ちを表現するのに、言葉ではなく、たとえばダンスをもって最高の表現とする文化体系であれば（いや、実際に、そういう国はいくらでもあるだろう）、日本の中高年の男性は、もっともコミュニケーション能力の低い劣った部族ということになるだろう。リズム感や音感は、いまの子どもたちの方が明らかに発達しているし、ファッションのセンスもいい。異文化コミュニケーションの経験値も高い。けっしていまの若者たちは、表現力もコミュニケーション能力も低下していない。
事態は、実は、逆なのではないか。全体のコミュニケーション能力が上がっているからこそ、見えてくる問題があるのだと私は考えている。それを私は、「コミュニケーション問題の[1]顕在化」と呼んできた。さほど難しい話ではない。どんなに若者のコミュニケーション能力が向上したとしても、やはり一定数、口べたな人はいるということだ。これらの人びとは、かつては、旋盤工やオフセット印刷といった高度な技術を身につけ、文字通り「手に職をつける」ことによって生涯を保証されていた。しかし、いまや日本の製造業はじり貧の状態で、こういった職人の卵たちの就職が極めて厳しい状態になってきている。現在は、多くの工業高校で（工業高校だからこそ）、就職の事前指導に力を入れ面接の練習などを入念に行っている。しかし、つい十数年前までは、「無口な職人」とは、プラスのイメージではなかったか。それがいつの間にか、無口では就職できない世知辛い世の中になってしまった。いままでは問題にならなかったレベルの生徒が問題になる。これが「コミュニケーション問題の顕在化」だ。

　あるいは、コミュニケーション教育に関する私の講習会に来ていた現役の先生からは、こんな質問を受けたこともある。

「少し誤解を受けやすい表現になってしまいますが、たとえば自閉症の子どもなら、周囲もそのように接しますし、教員も、できる限りのコミュニケーション能力をつけてあげたいと努力します。でも一方で、必ず、クラスに一人か二人、無口な子、おとなしい子がいます。こういった子は、学力が極端に劣るわけでもないし、問題行動があるわけでもない。いままでは、いわば見過ごされてきた層です。そんな子どもたちにも、小学校からコミュニケーション教育を行った方がいいでしょうか？たしかに、将来、就職とかは、不利になりそうだとは思うのですが……」

　これは悩ましい問題だ。ただ、たとえばこう考えてはどうだろう。世間でコミュニケーション能力と呼ばれるものの大半は、スキルやマナーの問題と捉えて解決できる。だとすればそれは、教育可能な事柄となる。そう考えていけば、「理科の苦手な子」「音楽の苦手な子」と同じレベルで、「コミュニケーションの苦手な子」という捉え方もできるはずだ。そして「苦手科目の克服」ということなら、どんな子どもでも、あるいはどんな教師でも、普通に取り組んでいる課題であって、それほど深刻に考える必要はない。日本では、コミュニケーション能力を先天的で決定的な個人の資質、あるいは本人の努力など人格に関わる深刻なものと捉える傾向があり、それが問題を無用に複雑化していると私は感じている。

理科の授業が多少苦手だからといって、その子の人格に問題があるとは誰も思わない。音楽が多少苦手な子でも、きちんとした指導を受ければカスタネットは叩けるようになるし、縦笛も吹けるようになるだろう。誰もがモーツァルトのピアノソナタを弾ける必要はなく、できれば中学卒業までに縦笛ぐらいは吹けるようになっておこうよ、現代社会では、それくらいの音感やリズム感は必要だからというのが、社会的なコンセンサスであり、義務教育の役割だ。

だとすれば、コミュニケーション教育もまた、その程度のものだと考えられないか。コミュニケーション教育は、ペラペラと口のうまい子どもを作る教育ではない。口べたな子でも、現代社会で生きていくための最低限の能力を身につけさせるための教育だ。口べたな子どもが、人格に問題があるわけでもない。だから、そういう子どもは、あと少しだけ、はっきりとものが言えるようにしてあげればいい。コミュニケーション教育に、過度な期待をしてはならない。その程度のものだ。その程度のものであることが重要だ。

ただ、この「コミュニケーション問題の顕在化」は、新卒者の就職などに限ったことではない。製造業に従事する方たちが失職すると再就職が難しいのも、多くの場合、コミュニケーション能力の問題が強く関係している。

いま、日本の労働人口の七割は、第三次産業に就いている。サービス業、人と関わる仕事では、コミュニケーション能力や柔軟性が不可欠だが、製造業に従事してきた方は、この分野が少し「苦手」だ。繰り返し言うが、これは人格の問題などとはまったく関係がない、「音楽が苦手」といった程度の問題だ。しかし現在、「その程度の能力の問題」が、就職の必要条件となっている以上、転職においても、その事情は同様で、だから製造業を失職した方々は、結局、こういった能力が問われない職業に就職先が限られてしまう。

さらに実は、これは製造業に関わる人びとの問題とも限らなくなってきている。カンヌ国際映画祭で「ある視点」部門(b)シンサ員賞を獲得した『トウキョウソナタ』(黒沢清監督)という映画をご覧になったことがあるだろうか。香川照之さん演ずるこの映画の主人公は、一流企業の総務課長だったが、リストラの憂き目にあってしまう。いったん企業を離れると、再就職しようにも、典型的な日本の企業人間だった彼は自己アピールの一つもできず、面接にことごとく落ちていく。そして結局この主人公は、妻に内緒でビルの清掃業務に就く。警備員でも清掃員でも、もとより職業に2貴賤はないが、しかし職業選択の幅が極端に狭くなってしまうことは、個々人にとっては、やはり不幸なことだろう。

②産業構造が大きく変わったにもかかわらず、日本の教育制度は、工業立国のスタイルのままではないか。上司の言うことを聞いて黙々と働く産業戦士だけを育てるような教育を続けていては、この問題はどこまでいっても解決はしない。製造業関連の失職者の再就職難や*派遣法の問題は、根本的には、コミュニケーション教育を(c)ホウキしてきた教育行政の失政だと言えるだろう。その失政のつけを、個々人が払わされる謂《いわ》れはない。

「コミュニケーション能力がないとされる人間が就職できないのは不当な差別だ」といった論調も現実にある。私はこの心情には強く共感するが、教育の現場にいる人間としては、やはりその主張を全面的に受け入れるわけにもいかない。教育の役割は、社会の要請に応じて、最低限度の生きるためのスキルを子どもたちに身につけさせて世間に送り出すことだからだ。だから私は、市場原理ともどうにか折りあいをつけながら、この「コミュニケーション問題の顕在化」という事象に向かいあっていきたいと思う。たとえばそれは、以下のような方策だ。

先に掲げた「失政」の、もっとも深い犠牲者となってしまった中高年の製造業従事者に関しては、保護政策として、いわゆる派遣法などを適用せずに、正規雇用を増やしていく。雇用をどうにかして守るために、いままで以上の*ワークシェアリングを進める必要もあるだろう。そして、運悪く失職してしまった方々には、さらに手厚い雇用保険などの支給策を考えるべきだ。

一方で、いまからでも人生の路線変更が可能な若年層には、小手先の職業訓練ではなく、コミュニケーション教育を徹底して行っていく。ペラペラと喋れるようになる必要はない。きちんと自己紹介ができる。必要に応じて大きな声が出せる。繰り返すが、「その程度のこと」でいいのだ。「その程度のこと」を楽しく学んでいくすべはきっとある。

さて、ではもう一点の「コミュニケーション能力の多様化」とは何だろう。これは、日本人のライフスタイルが多様化したために、子どもたち一人ひとりも、得意とするコミュニケーションの3範疇が多様化しているという現象を指す。

たとえば、二〇年ほど前までは一人っ子は圧倒的に少数派だったが、いまではクラスの二、三割を占めている。おじいさん、おばあさんと一緒に暮らしているかどうか。近所に親戚がいるか。商店街で育ったか、団地で育ったか、セキュリティの厳しいマンションで育ったか。帰国子女も必ずいるだろうし、日本語を母語としない子どもも珍しくはない。そういったライフスタイルの多様化の中で、たとえば、大学に入るまで、親と教員以外の大人と話したことがなかったという学生が一定数、存在するのだ。あるいは、母親以外の年上の異性とほとんど話したことがないという男子学生も意外なほどに多い。

いま、(d)チュウケン大学では、就職に強い学生は二つのタイプしかないと言われている。一つは体育会系の学生、もう一つはアルバイトをたくさん経験してきた学生。要するに、大人(年長者)とのつきあいに慣れている学生ということだ。これもまた、「そんなものは企業に都合のいい人材というだけのことではないか」という批判があることは十分に承知している。私もその批判は正しいと思うが、これが就職活動の現実なのだ。だとすれば、「そんなものは、慣れてしまえばいいではないか」と私は思う。ここで求められているコミュニケーション能力は、せいぜい「慣れ」のレベルであって、これもまた、人格などの問題ではない。そうであるならば、「就職差別だ」「企業の論理のゴリ押しだ」と騒ぐ前に、慣れてしまえばいいではないか。

だから大学でも大学院でも、コミュニケーション教育がどうしても必要になってくる。一人っ子で、両親の4寵愛を一身に集め、セキュリティの厳しいマンションで育った中高一貫男子進学校の「恵まれない子どもたち」のためにも。

（平田オリザ『わかりあえないことから』より。文章を一部改変した）

＊派遣法…正式名称は「労働者派遣事業の適正な運営の確保及び派遣労働者の保護等に関する法律」。

＊ワークシェアリング…総量の決まった仕事を多くの人で分かち合うこと。各々の労働時間を短くするのが典型的な方法である。

問一　傍線部①「コミュニケーション問題の顕在化」の説明として最も適切なものをつぎの中から選べ。

ア　日本の中高年の男性のコミュニケーション能力の低さが明らかになったために、若者のコミュニケーション能力の高さが目立つようになったということ。

イ　教師たちがコミュニケーション能力に敏感になったために、クラスの無口でおとなしい生徒のコミュニケーション能力の低さを見過ごさずに検知できるようになったということ。

ウ　社会全体のコミュニケーション能力が上がったために、今まで問題にならなかった程度のコミュニケーション能力の低さまで問題とされるようになったということ。

エ　コミュニケーション能力が低いとされる人間が就職しにくいという状況が深刻化したために、それを不当な差別だと指摘する声が教育現場でよく聞かれるようになったということ。

オ　職人の卵たちが工業高校で適切な就職指導を受けられないために、面接でコミュニケーション能力を発揮できないというケースがよく見られるようになったということ。

問二　傍線部②「産業構造が大きく変わったにもかかわらず、日本の教育制度は工業立国のスタイルのままではないか」とあるが、その説明として最も適切なものをつぎの中から選べ。

ア　典型的な企業人間だった人たちは再就職の際に必要なコミュニケーション能力に欠けているにもかかわらず、それを補う教育制度がいまだに整っていないということ。

イ　製造業から第三次産業へと産業の中心が変わっているにもかかわらず、日本の教育制度では手先の器用な製造業従事者の養成が重視され続けているということ。

ウ　従来の教育制度がコミュニケーション能力の低い中高年の男性を生み出してきたにもかかわらず、それが維持されているために若者のコミュニケーション能力が伸びないということ。

エ　労働人口の七割がコミュニケーション能力を必要とする第三次産業に就いているにもかかわらず、日本の教育制度ではコミュニケーション教育がいまだに重視されていないということ。

オ　製造業関連の失職者の再就職難は教育行政の失政だと考えられるにもかかわらず、個人のレベルではその点がまだよく認識されていないということ。

問三　波線部「その程度のものだ。その程度のものであることが重要だ」とあるが、筆者がそのように念を押しているのはなぜか。その理由をつぎの形式にしたがって二十五字以上三十五字以内でまとめよ。ただし、読点や記号も一字と数える。

コミュニケーション能力は　一般的に、[　　　　　　]傾向があるから。

問四　つぎのア〜オの各文につき、本文の内容に合致するものにはAを、合致しないものにはBをそれぞれ選べ。

ア　若者のコミュニケーション能力が低下していると指摘する言語学者や社会学者が提示する統計は信用できない。

イ　若者全体のコミュニケーション能力が上昇するにつれて口べたな人の数は減少してきている。

ウ　コミュニケーション能力の低さが再就職の際に職業選択の幅を狭めてしまうのは、製造業従事者の場合だけではない。

エ　製造業従事者のコミュニケーション能力を向上させ、彼らの再就職を容易にする政策がとられるべきだ。

オ　ライフスタイルが多様化するとともに、年長者とのコミュニケーションに慣れていない若者が一定数生じている。

問五　二重傍線部1〜4の漢字の読みとして正しいものをつぎの中からそれぞれ選べ。

1　顕在化　ア　しょうざいか　イ　けんざいか　ウ　しつざいか　エ　けいざいか　オ　せんざいか

2　貴賎　ア　きさん　イ　きざい　ウ　きせん　エ　きたん　オ　きそん

3　範疇　ア　はんじゅ　イ　はんそう　ウ　はんちゅう　エ　はんちょう　オ　はんと

4　寵愛　ア　ろうあい　イ　ちょうあい　ウ　りゅうあい　エ　しゅうあい　オ　りょうあい

問六　二重傍線部（a）〜（d）を漢字に直せ。

第三講〈問題〉

古代の大阪は、固い*洪積層の上に、その歴史を刻んできた。南北に向かって大阪湾に突き出た大きな岬である上町《うえまち》台地と、生駒《いこま》山の山麓に南北方向に広がる台地が、古代人の主な生活の場所だった。そのうち大和川の運ぶ土砂によって、河内潟《かわちがた》がしだいに埋められてくると、そこには水田が開かれて、小さな村々が点在するようになった。

そこには、①古代的なものの考えをする、古代人が住んでいた。古代人の思考法の特徴は、あらゆる物事の中に宿る「タマ＝霊力」の実在を、強く感じるところにある。人の心にはタマが宿っていて、タマが強く発動するときには、心は激しく動き、タマが不活性なときには、心も深く沈み込むようになる。

タマは人間だけに宿っているのではなく、動物にも植物にも、岩や水のような自然物にも宿っている。タマは流動体のように移動して、ほかの個体の中に、するすると入り込むこともできた。それだから、人の心は、動物や植物にも心をつないでいくことができると考えられていたし、自然の運行に影響を与えることもできるとされた。

古代人には、自然や宇宙から孤立している「個人」というものは、考えられなかった。目に見えないタマをとおして、人間同士もともとつながりあっているからだ。さらには、人格から完全に切り離された、「ただの物」というものも、考えられない。そのために、所有物とその持ち主の人格は、タマをとおしてつながりあっているとも感じられていた。

そういう古代人の世界では、あらゆる物の交換が、「贈与」と考えられていた。贈り物をするとき、現代の私たちでさえも、ただのチョコレートに思いを込めたりするが、古代人にあっては、すべての贈り物には、贈り主の人格の一部がタマとして付着したままのかたちで、相手に届けられていた。そうやって、物の交換をつうじて、人と人が結びつく。そのたびに人々は、タマの流動を感じて、幸せな気持ちになった。

ところが、その古代人の世界にも、すでに「商人」は活動していたのである。商人は最初の［A］主義者として、物に宿っていたタマを、物から切り離すことのできる人たちだった。自分たちが扱う商品は、誰かの人格の一部であるタマと結びついているから、価値があるのではなく、何かじっさいの使用に役立つからこそ価値がある、と商人は考えることができた。

商人は、人と物とを「無縁」にする原理にしたがって生きようとした、最初の近代人である。そういうことにかけては人一倍敏感な古代人は、②商人の考え方のなかに潜んでいる無縁の原理が、いずれは人と人のつながりまでも無縁化して、社会を破壊してしまう力を秘めているものとして、恐れたのである。

商品が交換されるとき、世界に活気が充ちてくるように感じられるのは、タマが活発に動くからではなく、商品同士の交換が頻繁に起こり、そのつど儲けが発生するからであり、だからこそ喜びがわいてくる。このような考え方をする商人は、古代人の社会では、まだ小さな勢力しかもたない、どちらかというと孤立した集団にすぎなかった。むしろ、古代社会はそういう商人の活動に、強い制限を加えることによって、［B］社会を、保とうとしていた。

古代人は堅固な洪積層の上に、彼らの共同体をつくるのを好んだ。共同体の中で生きる人々をつないでいるのは、贈与の関係が育てる、自然な愛や信頼の感情である。そこに商品というものに潜んでいる無縁の原理が入り込んでくると、古代人の共同体は、解体の危機におびやかされかねない。そこで古代人は、商人を共同体の中には住まわせないようにしたのだった。

こうして、古代から中世にかけて、商人たちは、村から村を歩き渡る行商人として、商売をおこなった。彼らは多くの場合、堅固な洪積層の上に、市場が付属している彼らの町をつくって住むことを、長いこと許されなかったから、川縁の荒れ地や河の中州や、河口にできた砂州島などに、集まって住んだ。そして、そこから、近世の資本主義の発達ははじまった。

洪積層の台地には、社会は形成されるけれども、資本主義は生まれにくい。権力者の居城は築かれるけれども、よく発達した市場をもつ都市が、洪積台地の上に自然発生することは、めったに起こらないことなのだ。考えてみれば、パリでもロンドンでも、純粋な大都市はたいてい、中州や砂州につくられたものだが、そういう場所でなければ、人と土地の結びつきとか、人と物の霊的な絆などというものを否定できる、無縁の原理が開花することなどは、できなかったからである。

大阪の地勢には、そういう資本主義の原理が、③自由闊達な活動をおこなえるような舞台が、みごとに準備されていた。生みの母は淀川である。淀川が運び込んだ、おびただしい土砂は、河口に多くの砂州をつくりだし、それはいつしか島となり、その島の上に、資本主義の原理が、川辺の葦のように根を下ろしていった。「ナニワ」と呼ばれることになったその地勢こそが、上町台地と河内世界にかたちつくられた古代人の世界を食い破って、大阪に資本主義が発達していく舞台をしつらえた。

そのナニワは、もともとそこにできていたものではなく、水底から、ゆっくりと生まれてきた場所なのである。上町台地の東と西に、たくさんの島が生まれていた。④商都大阪の原型となる「八十島のナニワ」が、こうして時間をかけて、ゆっくりと水底から生成してきたのである。

(中沢新一「大阪アースダイバー」より。文章を一部改変した)

＊洪積層　約一八〇万年前から一万年前までの年代の地層。

問一　傍線部①「古代的なものの考え」とあるが、その説明として、本文の内容に照らして適切でないものをつぎの中から一つ選べ。

ア　あらゆる物事にはタマが宿り、個体をこえて流動するため、個々はタマを通して心をつなぎ得る。

イ　タマは不可視の霊力であり、人間だけでなく、動物や植物、そして無生物にもやどっている。

ウ　タマを共有する共同体の中に「個人」という考え方はないので、一人一人は個性的な人格を持たない。

エ　物を贈るという行為は、贈り主の人格の一部であるタマを物に付けて相手に届けることを意味する。

オ　贈与により、タマが盛んに流動することで、共同体の中で愛や信頼の感情が育まれ、幸福感が増す。

問二　傍線部②「商人の考え方」とあるが、その説明として、本文の内容と合致するものをつぎの中から一つ選べ。

ア　この世にタマなどというものは現実には存在せず、したがって人と物とは、無関係なものである。

イ　物が価値ある商品となるのは、何かに役立つからであり、人格の一部であるタマが宿るからではない。

ウ　一か所に定住するよりも、行商として未開地を渡り歩いたほうが、商いで儲けるチャンスも増える。

エ　洪積層の台地より、川が新しくつくる砂州のほうが、自然環境として人と物の霊的な絆を否定しやすい。

オ　商品そのものの、実用的な価値の交換による儲けさえあれば幸せになれ、人間関係などは必要ない。

問三　空欄 A に入る語句として最も適切なものをつぎの中から選べ。

ア　合理

イ　原理

ウ　競争
エ　平等
オ　民主

問四　空欄［B］に入る表現として最も適切なものをつぎの中から選べ。
ア　堅固な土地に定住できる
イ　タマの力で富を独占する
ウ　タマの庇護から自立した
エ　人々の心の絆でできた
オ　身分や貧富の差がない

問五　傍線部③「自由闊達」とあるが、「闊達」に最も意味が近い語句をつぎの中から選べ。
ア　開明
イ　活発
ウ　洒脱
エ　饒舌
オ　磊落

問六　傍線部④「商都大阪」の形成についての説明として、最も適切なものをつぎの中から選べ。
ア　大阪では、資本主義の発達にあわせたかのように、ちょうどその勃興期の近世以降、水底からたくさんの島々が生成し始めた。

イ　古代の大阪における商人の位置付けの歴史的な変化は、世界の資本主義の発達史のなかでも、みごとに典型的な経過をたどっている。

ウ　大阪では、古代的な共同体が占拠して商人を容れなかった洪積台地に対して、自然が、商人の活躍できる土台をゆっくりと生成してくれた。

エ　「無縁」の原理を信奉する人々が、長い間努力を重ねて淀川沿いの川辺を埋め立てて、「八十島のナニワ」という新天地を形成していった。

オ　商都大阪の原型は、権力者によってつくられたのではなく、商人が意識的に淀川の力を活かしたことによって、自然との共同作業で生成された。

第四講〈問題〉

ロマン派の時代は、それまで他の社会的領域と融合していた、(1)西欧の「芸術」が、自律性を獲得した時代でもある。近代以前の〝芸術家〟の多くは、教会や君主に仕えて、彼らの注文に応じて作品を制作する職人であり、作品自体も、宗教的あるいは政治的権威を表象することを目的として作られていた。市民社会の成立に伴って、様々な社会システムが分化し、政治、宗教、法、経済、教育などの各部分システムが固有の論理に従って自己を組織化するようになると、「芸術」も、「美」の理念を中心に、一つの自律的なシステムを形成するようになる。具体的には、国家や教会の庇護から離れて活動する「芸術家」と呼ばれる人たちが登場し、独自の「美」の理解によって「作品」を制作するようになったわけである。

政治や宗教に対して相対的な自律性を獲得した「芸術」であるが、「欲望の体系」(注1)(ヘーゲル)としての近代市民社会の統合性を保つうえで中心的な役割を果たすようになった(2)「経済」との関わりは、微妙である。「芸術作品」は建前の上では、「商品」ではないので、売る／売れないとは関係なく、「美」のために作られることが多い。しかしながら、芸術家も生身の人間であるので、生計を立てる必要がある。「作品」を、誰かに買ってもらわなければならない。画商やギャラリー、劇場、コンサート・ホール、出版社、レコード会社などを仲介にして、「作品」が市場に出される必要がある。［ａ］教会や君主などの特定のパトロンに直接的に奉仕する代わりに、商人的な性格を持つ仲介者を間に置いて、不特定多数の大衆の欲望に間接的に奉仕することで、「貨幣」収入を得るようになったわけである。

当然のことながら、間に仲介者を入れるとしても、大衆が買ってくれなければ、芸術家も作品を続けることはできないので、大衆の欲望にある程度対応した芸術が生き残る傾向がある。しかし、露骨に大衆にこびる身振りを見せれば、通常の「商品」と同じになり、「芸術」としての魅力が薄れる。市場に直接現われてくる大衆の低俗な欲望とはきっぱり一線を画すが、大衆の深層意識に潜んでいる美的想像力には強くアピールする、真の〝美〟を探求する、というような微妙なスタンスを取ることが必要になる。

しかし、(3)〝陳腐で低俗な欲求〟と、〝先鋭化された美的想像力〟の間に明確な線を引くことはできず、見方によって、両者が逆転することもある。そのため前衛的な芸術運動が登場するたびに、この問題が新たに提起される。(注2)ベンヤミン(一八九二〜一九四〇)が、複製技術を応用した二〇世紀的な芸術に、大衆の想像力を覚醒させるポテンシャルを期待したのに対し、彼の友人であった(注3)アドルノ(一九〇三〜六九)はむしろ、「文化産業」に管理されるメディアや芸術による大衆の取り込みに対して警告を発している。

こうした市場化の動きと連動して、「芸術作品」に対する、「労働→所有」の論理も確立されるようになる。「芸術作品」を市場での交換の対象にするからには、その大前提として、「芸術作品」が、制作者である芸術家の「所有物」になっていなければならない。芸術作品を「制作」する行為も、「労働」の一種であるとすれば、「作品」が、労働した主体である芸術家の所有物であるのは当然であるようにも思われる。

身体を駆使した「労働」という行為を通して、主体の固有性(property)を「物」に投入することが、その「物」に対する「所有 property」の根拠になるという所有論の基本的考え方は、英米系のリベラルな政治思想の元祖とされる(注4)ロック(一六三二〜一七〇四)によって『統治二論』(一六八九)で定式化されている。「固有性→所有」という考え方は、芸術家による〝独創的な作品〟の制作というイメージに、うまく合っているように思える。

ただし、それはあくまでも、「作品」の本質が、その物理的な性質にあると見た場合の話である。絵画や彫刻の場合、芸術家が時間をかけて素材に対してユニークな造形を行い、それによって観客の感性を刺激する「特性

property」を備えた「作品」が生み出されたとすれば、それが芸術家の「固有性」を反映した〝物〟であり、その付加価値を生み出したことに対する報酬を、芸術家が得るのは当然という論理は、(ロック的な考え方をする近代市民なら)あまり抵抗なく受け入れられそうだ。しかし、個々の具体的な「物」というよりも、むしろ、観念、語、イメージ、音の特殊な組み合わせを「制作」する詩、小説、戯曲、音楽などの場合、「労働→所有」論は、少なくともそのままの形では当てはまらない。印刷・製本された小説という〝物〟は、身体労働という面から見れば、むしろ編集者や印刷労働者、彼らを使って本を生産した企業が生み出したものである。絵画でも、版画の場合は、人々が直接目にする〝作品〟は、画家が直接描いたものではないので、同じことが言えそうだ。

個々の芸術家の身体労働によって直接的に作りだされたわけではない——したがって、芸術家が元々所有していた素材から直接作り出されたのでもない——〝もの〟も、彼あるいは彼女の「作品」と見なされ得ることからすれば、「芸術」における「作品」の「所有=固有化」に際しては、労働による素材の物質的変化とは別の要因、(注5)ポイエシスの契機となる美の観念、あるいは、美的イメージの複合体のようなものが、何らかの形で「現前」していることが、中心的な意味を持っていると考えられる。

文学や版画などのように、印刷などの形で大量生産される〝もの〟の場合、芸術家は製造工程の一部を担う労働者にすぎず、実際売り上げのごく一部を受け取っているだけだ、という文化産業論的な見方をすることができないわけではない。音楽についても、作曲家や演奏者は、音に関するサービスを売る、文化産業の一部門の労働者だと見ることができる。だとすれば、芸術家による「作品」の「所有化」を問題にすること自体が、無意味なのかもしれない。

しかし、そのように考えるにしても、「作品」がそれを創作した芸術家の名前を冠すること、言い換えれば、「署名」を付されることによって、芸術作品としてのステータスを公共的に獲得する——そして、市場に出品可能になる——ということが一般化している。芸術家という、特殊な美的主体の創造性が表現されているということが、「芸術作品」の条件になっているわけである。これが、芸術の「制作」が、労働者によるトクメイ化された労働とは大きく異なるし、通常の職人仕事とも微妙に異なる点である。

（仲正昌樹「「作品」と「所有」」による）

注1　ヘーゲル――ドイツの哲学者（一八七〇～一八三一）。
注2　ベンヤミン――ドイツの思想家・評論家。
注3　アドルノ――ドイツの哲学者・美学者。
注4　ロック――イギリスの哲学者。
注5　ポイエシス――「制作」あるいは「詩作」の意味のギリシャ語。

(A)　二重線部を漢字に改めよ。（ただし、楷書で記すこと）

(B)　傍線部（1）について。その説明として最も適当なもの一つを、左記各項の中から選び、番号で答えよ。

1　「芸術家」が教会や君主の注文に応じて「芸術」を制作することがなくなった。
2　「芸術」の「美」が宗教的あるいは政治的権威から離れて独立した。
3　職人としてしか認められなかった人たちが、「芸術家」としての権威を獲得した。
4　「芸術家」の制作する作品が政治的権威の表象を排斥するようになった。
5　「芸術家」の活動が「美」という絶対的価値に基づくようになった。

（C）傍線部（2）について。その説明として最も適当なもの一つを、左記各項の中から選び、番号で答えよ。
1 「芸術作品」は商品ではないので売る／売れないとは関係なく作られるということ。
2 芸術家も生身の人間であるので市場で作品を売って生計を立てる必要があるということ。
3 市場では大衆に買ってもらえるものが芸術家の作品として生き残る傾向があるということ。
4 芸術家は教会や君主などに奉仕しつつ、商人を仲介者として貨幣収入を得るということ。
5 「芸術作品」は大衆の欲望から距離を置きつつ、深層意識に潜む想像力に訴えるということ。

（D）空欄 a にはどのような言葉を補ったらよいか。左記各項の中から最も適当なものを一つ選び、番号で答えよ。
1 だとすれば　2 つまり　3 しかし　4 また　5 ただし

（E）傍線部（3）について。両者の関係についての説明として最も適当なもの一つを、左記各項の中から選び、番号で答えよ。
1 作品の「芸術」としての評価が両者のいずれに基づくかは必ずしも判然としない。
2 前衛的な芸術運動は〝陳腐で低俗な欲求〟よりも〝先鋭化された美的創造力〟だけに訴える。
3 複製技術を応用した二〇世紀的な芸術作品に、両者のつながりを認めることはできない。
4 大衆は両者のつながりを認めるが、〝陳腐で低俗な欲求〟の先鋭化に期待する。
5 両者はいずれも大衆の深層意識に潜んでいる美的想像力を基盤にしている。

（F）左記各項のうち、本文の内容と合致するものを1、合致しないものを2として、それぞれ番号で答えよ。

イ　本文中の表現、「作品」と〝作品〟では〝作品〟の方が芸術的に本質的な概念を表している。

ロ　自律した「芸術家」は「美」の理解に基づきながらも、大衆の欲望に間接的に奉仕しなければならない。

ハ　芸術として売れる作品は大衆の深層意識に潜む欲望とはきっぱり一線を画さなければならない。

ニ　前衛的な芸術運動は大衆の〝陳腐で低俗な欲求〟と結びつくことがある。

ホ　「芸術作品」であるためには労働による作品の「固有性」より「芸術家」の「署名」の方が重要だ。

第五講〈問題〉

人の移動を論じるということは、たとえば、モノやカネの移動（貿易論と海外投資論）に労働力の移動を付け加えて世界経済を把握する、といったことではない。人の移動という観点から経済や社会をとらえるということは、項目として移民を付け足すことではない。それは、　　ことを意味する。人の移動という研究の領域が新しい分野としてたんに付け加えられるというのではなく、移動という観点から、これまでとは異なる何がみえてくるのかを考えることであり、移民を研究するということは、ひとつの方法であり、方法としての移民である。

移民を方法としてとらえるということは、近代世界のさまざまなレヴェルでの編制とのかかわりから移民を位置づけることを意味する。たとえば、近代世界は、遠隔地貿易とともに、大規模な人の移動によって始まったといわれている。大航海時代をもって近代世界の開始と考えることこそが、ユーロセントリックであることは問わないとしても、移動のモデルがつねに(1)ヨーロッパからの「自由」な移民であったことは、移民研究の方法を規定してきた。また、商品や資本の移動（と制限）と結びついて人の移動（と制限）があったことは、これまでも指摘されてきたが、両者の差異が国民国家や近代世界の形成にもつ意味は、十分に考慮されることはなかった。

近代において、人々は、一方では、強制的・半強制的あるいは「自発的」に大陸を越えて移動するとともに、他方では、特定の土地へと結びつけられてきた。地球上を分割しつくした国民国家の原型をつくりだしたのは、大量の人の移動であり、(イ)ボウダイな人の移動を引き起こした植民地主義こそは、今日のさまざまなかたちで激化している民族紛争と呼ばれるものの起源でもある。国民国家が人々を境界のなかに囲いこみ、固定しようとしてきたことこそが、移民といわれる事象をつくりだし、人種主義の世界的な序列を構成し、民族的な対立を生みだしてきたのである。

移民の国と呼ばれる南北アメリカ大陸やオセアニアの諸国だけでなく、移民を送り出したヨーロッパやアジアあるいはアフリカ地域の諸国にとっても、人の移動は、国民国家形成（あるいは「非形成」）に決定的な意味をもった。社会科学は、しばしばネーションを自生的で自立的な発展を遂げる、閉じたシステムとしてとらえてきた。国民経済、国民文化、国民社会は国民国家と同型であり、国民国家にとって、境界を越える人の移動は例外的な出来事であり、定住こそが常態であった。しかし、いまやそうした前提が崩れてきている。

かつて移民は国民国家をつくりあげたが、いまや国民国家を基盤としてきた世界編制が、大規模な移民によって大きく揺るがされている。近代は、人ならびにモノやカネの移動の自由が保障された時代だといわれてきた。しかし、(2)近代が移動の自由の時代であるというのには、ある一定の留保が必要である。なぜならば、移動の自由は、移動に対する国家の一元的管理の始まりでもあったからである。移動の管理や規制は、国家が独占的に掌握することになり、国境を越える移動とそうでない移動とは、徐々にではあるが、明確に区分けされるようになった。近代国家は、移動の自由を保障するとともに、境界において移動を管理する制度や手段をも生みだした。一定の領域の内部における移動の自由を促進しながらも、しかし境界を越える商品や人の移動の手段や制度を支配し、さまざまな制限を加えてきたし、現在も差異化が図られている。

資本主義は、本来、世界的であり、境界を画すことの合理性はない。それにもかかわらず、近代国家は、一方では移動の自由を掲げながらも、他方では境界を越える移動を制限してきた。近代における移動の自由とは、移動の自由の範囲を画定することであり、国境のなかでの移動と国境を越える移動とは区分けされ、貿易や投資、移民などの国際的な移動は国塚と国家との問の権力を反映した地政学的な関係に規定されることになった。

境界を画されたことこそが、(3)境界を越える移動に特別な意味を与えることになる。とくに、人の移動は、国民国家の制度化にともない、徴税と国防の観点からも、商品や資本の移動とは区分けされるようになってきた。とくに商品や資本の移動と人の移動とが明確に対照化されてきたのは、最近のことであり、そのことが、現代国家の性格を特徴づけるとともに、現代移民を明らかにするカギのひとつである。商品や資本の自由化は極端なまでに進みながら、人の移動への規制は強化され続けるのである。

商品や資本は、それが境界を越えたからといって、国籍や出自によって特別な差異化が行なわれることはない。文化的あるいは社会的属性を強調することはあっても、そのことによってモノやカネの出自が問われることはない。市場経済の自立的な(ロ)ジュンカン過程のなかで、これら生産要素の出自は、基本的には、脱色される。しかしながら、人は、国境を越えたからといって、容易には出自＝ナショナリティを脱することはできない。ナショナリティを脱色しようとする行為そのものが、大きな政治的・社会的問題を引き起こしてきているのである。

貿易や投資と人の移動との分離は、近代国家の政策課題のひとつであった。経済成長を維持するにはたえず新しい労働力を必要とし、社会的な秩序を維持するには新しい労働力を管理する必要がある、と考えられた。しかし、現代において、交通手段の発達やボウダイな情報のリアルタイムでの伝達は、かつての距離を大幅に短縮し空間の絶滅をもたらしてきた。交通や情報、意志決定の集積する結節点としての都市が発達し、世界都市が航空網と電子情報網によって結びつけられる。しかしながら、時空間の圧縮は、具体的な場そのものを変容し、情報や移動手段へのアクセスの格差を極端なまでに拡大して、集団に差異化をもちこんできた。国民経済の、そして国民国家の溶解であり、ここに現代移民研究の重要な課題のひとつがある。

(伊豫谷登士翁「方法としての移民」による)

(A) 線部イ・ロを漢字に改めよ。(ただし、楷書で記すこと)

(B) [　　] にはどのような言葉を補ったらよいか。左記各項の中から最も適当なもの一つを選び、番号で答えよ。

1 研究の領域を細分化する
2 学問の体系を構築する
3 認識の枠組みを根底から転換する
4 将来の展望を抜本的に見直す
5 分析の対象を大きく変更する

(C) 傍線部(1)について。ここでいう「ヨーロッパからの「自由」な移民」と異なる移民とは、具体的にどのような人々をさしているか。左記各項の中から最も適当なもの一つを選び、番号で答えよ。

1 世界の構造を自らの目で確かめるために途上国に移動して貧困層と生活している人々
2 貧困から脱出するために国境を越えて欧米諸国に移動した人々
3 先進諸国における労働需要に応じて途上国から移動した人々
4 先進諸国による政策によって国境を越えて移動することを強いられた人々
5 途上国での事業拡大を目的として先進諸国から移動した人々

(D) 傍線部(2)について。「ある一定の留保が必要である」のはなぜか。その理由として最も適当なもの一つを左記各項の中から選び、番号で答えよ。

1　移動の自由を手に入れていたのは、ヨーロッパからの自由な移民に限定されているから。
2　国境内の移動についても、国境を越える移動と同様にさまざまな制限が加えられているから。
3　移動のモデルについては、ヨーロッパからの自由な移民に限定してとらえられているから。
4　国境を越える人の移動については、国家による独占的な管理が行われているから。
5　近代国家は、国境を越える移動の自由を禁止することによって成り立っているから。

（E）傍線部（3）について。その意味内容として最も適当なもの一つを、左記各項の中から選び、番号で答えよ。

1　国境を越えて移動した人々は、国籍等を脱することができるようになる。
2　国境を越える人々が急増していることから、その規制が国家間の課題となっている。
3　商品や資本の移動は進んでいるが、人の移動は必ずしも進んでいるわけではない。
4　国境を越えて移動した人々が、出自を無視され、社会的な問題が生じている。
5　徴税と国防の観点から、境界を超える商品の移動は制限されるようになっている。

（F）左記各項のうち、本文の内容と合致するものを1、合致しないものを2として、それぞれ番号で答えよ。

イ　航空網の発達によって国境を越える移動の範囲は拡大しているが、それは場の変容をもたらし、集団に格差をもたらしている。
ロ　市場経済の自立的なジュンカン過程においては人の移動が活発になることから、移動の自由を保障するための制度を構築することが近代国家の課題のひとつであった。
ハ　現代社会においては、定住こそが常態であって、国境を越える人の移動は例外的な事象としてとらえられている。

ニ　先進諸国では、経済成長を目的としてたえず新しい労働力を必要とし、社会的な秩序を維持するために、移動してきた労働者の管理が求められてきた。

ホ　交通手段や意志決定の集積する結節点としての都市が発達したことから、移動手段へのアクセスが容易になり、国境を超える移動が保障される時代になっている。

第六講〈問題〉

1 環境システムの専門家であるウォーカーは、以下のような興味深い比喩を持ち出している。

2 あなたは、港に停泊しているヨットのなかでコップ一杯の水を運んでいるとしよう。そして、同じことを荒れた海を航海しているときに行ったとしよう。港に停泊しているときにコップの水を運ぶのは簡単である。この場合は、できるだけ早く、しかし早すぎないように運べばよいのであって、その最適解は求めやすい。しかし、波風が激しい大洋を航海しているときには、早く運べるかどうかなど二の次で、不意に大きく揺れる床の上で転ばないでいることの方が重要になる。あなたは、膝を緩め、突然やってくる船の揺れを吸収し、バランスをとらねばならない。海の上での解は、妨害要因を吸収する能力を向上させることをあなたに求める。すなわち、波に対するあなたのレジリエンスを向上させることを求めるのである。

3 この引用で言う「レジリエンス（resilience）」とは、近年、さまざまな領域で言及されるようになった注目すべき概念である。この言葉は、「攪乱を吸収し、基本的な機能と構造を保持し続けるシステムの能力」を意味する。

4 レジリエンスの概念をもう少し詳しく説明しよう。レジリエンスは、もともとは（注1）物性科学のなかで物質が元の形状に戻る「弾性」のことを意味する。六〇年代になると生態学や自然保護運動の文脈で用いられるようになった。そこでは、生態系が変動と変化に対して自己を維持する過程という意味で使われた。しかし、ここで言う「自己の維持」とは単なる物理的な弾力のことではなく、環境の変化に対して動的に応じていく適応能力のことである。

5 レジリエンスは、回復力（復元力）、あるいは、(注2)サステナビリティと類似の意味合いをもつが、Aそこにある微妙な意味の違いに注目しなければならない。たとえば、回復とはあるベースラインや基準に戻ることを意味するが、レジリエンスでは、かならずしも固定的な原型が想定されていない。絶えず変化する環境に合わせて流動的に自らの姿を変更しつつ、それでも目的を達成するのがレジリエンスである。レジリエンスは、均衡状態に到達するための性質ではなく、発展成長する動的過程を(ア)ソクシンするための性質である。

6 また、サステナビリティに関しても、たとえば、「サステナブルな自然」といったときには、唯一の均衡点が生態系のなかにあるかのように期待されている。しかしこれは自然のシステムの本来の姿とは合わない。レジリエンスで目指されているのはケン(イ)コウな(注3)ダイナミズムである。レジリエンスには適度な失敗が最初から包含されている。たとえば、小規模の森林火災は、その生態系にとって資源の一部を再構築し、栄養を再配分することで自らを更新する機会となる。こうした小規模の火災まで防いでしまうと、森林は燃えやすい要素をため込み、些細な発火で破滅的な大火災にまで発展してしまう。

7 さらに八〇年代になると、レジリエンスは、心理学や精神医学、(注4)ソーシャルワークの分野で使われるようになった。そこでは、ストレスや災難、困難に対処して自分自身を維持する抵抗力や、病気や変化、不運から立ち直る個人の心理的な回復力として解釈される。

8 たとえば、(注5)フレイザーは、ソーシャルワークと教育の分野におけるレジリエンスの概念の重要性を主張する。従来は、患者の問題を専門家がどう除去するかという医学中心主義的な視点でソーシャルワークが行われていた。患者の問題の原因は患者自身にあるとされ、患者を治療する専門家にケアの方針を決定する(ウ)ケンゲンが渡された。こうして患者は医師に依存させられてきた。これに対して、レジリエンスに注目するソーシャルワークでは、患者の自発性や潜在能力に着目し、患者に中心をおいた援助や支援を行う。

9 フレイザーのソーシャルワークの特徴は、人間と社会環境のどちらかではなく、その間の相互作用に働きかけることにある。

(注6)クライエントの支援は、本人の持つレジリエンスが活かせる環境を構築することに焦点が置かれる。たとえば、発達障害のある子どもに対して、特定の作業所で務められるような仕事をどの子どもにも同じように教えることは妥当ではない。そうすると身につけられる能力が(エ)カタヨって特定の作業所に依存してしまい、学校から作業所へという流れの外に出ることができなくなる。それでは一種の隔離になる。子どもの潜在性に着目して、職場や環境が変わっても続けられる仕事につながるような能力を開発すべきである。

10 Bここでレジリエンスにとって重要な意味をもつのが「脆弱性(vulnerability)」である。通常脆弱性はレジリエンスとは正反対の意味を持つと考えられている。レジリエンスは、ある種の(オ)ガンケンさを意味し、脆弱性とは回復力の不十分さを意味するからである。しかし見方を変えるなら、脆弱性は、レジリエンスを保つための積極的な価値となる。なぜなら、脆弱性とは、変化や刺激に対する敏感さを意味しており、このようなセンサーをもったシステムは、環境の不規則な変化や撹乱、悪化にいち早く気づけるからである。たとえば、災害に対して対応力に富む施設・建築物を作り出したいのなら、障害者や高齢者、妊娠中の女性にとって避難しやすい作りにすることが最善の策となる。

11 さらに、近年の(注7)エンジニアリングの分野においては、レジリエンスは、安全に関する新しい発想法として登場した。レジリエンス・エンジニアリングとは、複雑性を持つ現実世界に対処できるように、適度な(注8)冗長性を持ち、柔軟性に富んだ組織の能力を高める方法を見いだすものである。エンジニアリングの分野では、レジリエンスは、環境の変化に対して自らを変化させて対応する柔軟性にきわめて近い性能として解釈される。

12 以上のように、レジリエンスという概念に特徴的なことは、それが自己と環境の動的な調整に関わることである。回復力とは、システムどうしが相互作用する一連の過程から生じるものであり、システムが有している内在的性質ではない。レジリエンスの獲得には、当人や当該システムの能力の開発のみならず、その能力に見合うように環境を選択したり、現在の環境を改変したりすることも求められる。レジリエンスは、複雑なシステムが、変化する環境のなかで自己を維持するために、環境との相互作用を連続的に変化させながら、環境に柔軟に適応していく過程のことである。

13 レジリエンスがこうした意味での回復力を意味するのであれば、Cそれをミニマルな福祉の基準として提案できる。すなわち、ある人が変転する世界を生きていくには、変化に適切に応じる能力が必要であって、そうした柔軟な適応力を持てるようにすることが、福祉の目的である。福祉とは、その人のニーズを充足することである。ニーズとは人間的な生活を送る上で必要とされるものである。ニーズを充足するには他者から与えられるものを受け取るばかりではなく、自分自身でそのニーズを能動的に充足する力を持つ必要がある。そうでなければ、自律的な生活を継続的に送れないからである。

14 レジリエンスとは、自己のニーズを充足し、生活の基本的条件を維持するために、個人が持たねばならない最低限の回復力である。人間は静物ではなく、生きている。したがって、傷ついて、病を得て、あるいは、脆弱となって自己のニーズを満たせなくなった個人に対してケアする側がなすべきは、物を修復するような行為ではないし、単に補償のための金銭を付与することでもない。物を復元することと、生命あるものが自己を維持することとはまったく異なる。生命の自己維持活動は自発的であり、生命自身の能動性や自律性が要求される。したがって、ケアする者がなすべきは、さまざまに変化する環境に対応しながら自分のニーズを満たせる力を獲得してもらうように、本人を支援することである。

(河野哲也『境界の現象学』による)

注1　物性科学―物質の性質を解明する学問。
注2　サステナビリティ―持続可能性。「サステイナビリティ」と表記されることも多い。後出の「サステナブルな」は「持続可能な」の意。
注3　ダイナミズム―動きのあること。
注4　ソーシャルワーク―社会福祉事業。それに従事する専門家が「ソーシャルワーカー」。
注5　フレイザー―マーク・W・フレイザー（一九四六―）。ソーシャルワークの研究者でレジリエンスの提唱者。
注6　クライエント―相談者、依頼人。「クライアント」ともいう。
注7　エンジニアリング―工学。
注8　冗長性―ここでは、余裕を持たせておくこと。

問一　傍線部（ア）～（オ）の漢字と同じ漢字を含むものを、次の各群の①～⑤のうちから、それぞれ一つずつ選べ。

（ア）ソクシン
① 組織のケッソクを固める
② 距離のモクソクを誤る
③ 消費の動向をホソクする
④ 自給ジソクの生活を送る
⑤ 返事をサイソクする

（イ）ケンコウ

① ショウコウ状態を保つ
② 賞のコウホに挙げられる
③ 大臣をコウテツする
④ コウオツつけがたい
⑤ ギコウを凝らした細工

（ウ）ケンゲン

① マラソンを途中でキケンする
② ケンゴな意志を持つ
③ ケンギを晴らす
④ 実験の結果をケンショウする
⑤ セイリョクケンを広げる

（エ）カタヨって

① 雑誌をヘンシュウする
② 世界の国々をヘンレキする
③ 図書をヘンキャクする
④ 国語のヘンサチが上がった
⑤ 体にヘンチョウをきたす

（オ）ガンケン
①　タイガンまで泳ぐ
②　環境保全にシュガンを置く
③　ドリルでガンバンを掘る
④　勝利をキガンする
⑤　ガンキョウに主張する

問二　傍線部Ａ「そこにある微妙な意味の違い」とあるが、どのような違いか。その説明として最も適当なものを、次の①～⑤のうちから一つ選べ。

①　回復力やサステナビリティには基準となるベースラインが存在しないが、レジリエンスは弾性の法則によって本来の形状に戻るという違い。
②　回復力やサステナビリティは戻るべき基準や均衡状態を期待するが、レジリエンスは環境の変化に応じて自らの姿を変えていくことを目指すという違い。
③　回復力やサステナビリティは環境の変動に応じて自己を更新し続けるが、レジリエンスは適度な失敗を繰り返すことで自らの姿を変えていくという違い。
④　回復力やサステナビリティは生態系の中で均衡を維持する自然を想定するが、レジリエンスは均衡を調整する動的過程として自然を捉えるという違い。
⑤　回復力やサステナビリティは原型復帰や均衡状態を目指すが、レジリエンスは自己を動的な状態に置いておくこと自体を目的とするという違い。

問三　傍線部B「ここでレジリエンスにとって重要な意味をもつのが、『脆弱性（vulnerability）』である。」とあるが、それはどういうことか。その説明として最も適当なものを、次の①〜⑤のうちから一つ選べ。

① 近年のソーシャルワークでは、人の自発性や潜在能力に着目して支援を行う。そのとき脆弱性は、被支援者が支援者にどれだけ依存しているかを測る尺度となるため、特定の人物に過度の依存が起こらない仕組みを作るにあたって重要な役割を果たすということ。

② 近年のソーシャルワークでは、環境に対する抵抗力の弱い人々を支援する。そのとき脆弱性は、変化の起こりにくい環境に変化を起こす刺激として働くため、障害者や高齢者といった人々が周囲の環境の変化に順応していく際に重要な役割を果たすということ。

③ 近年のソーシャルワークでは、被支援者の適応力を活かせるような環境を構築する。そのとき脆弱性は、環境の変化に対していち早く反応するセンサーとして働くため、非常時に高い対応力を発揮する施設や設備を作る際などに重要な役割を果たすということ。

④ 近年のソーシャルワークでは、人間と環境の相互作用に焦点を置いて働きかける。そのとき脆弱性は、周囲の変化に対する敏感なセンサーとして働くため、人間と環境の双方に対応をうながし、均衡状態へと戻るための重要な役割を果たすということ。

⑤ 近年のソーシャルワークでは、人と環境の復元力を保てるように支援を行う。そのとき脆弱性は、人の回復力が不十分な状態にあることを示す尺度となるため、障害者や高齢者などを支援し日常的な生活を取り戻す際などに重要な役割を果たすということ。

問四　傍線部Ｃ「それをミニマルな福祉の基準として提案できる」とあるが、それはどういうことか。その説明として最も適当なものを、次の①～⑤のうちから一つ選べ。

① 個人が複雑な現実世界へ主体的に対応できるシステムを、福祉における最小の基準とすることができる。これに基づいて、支援者には被支援者が主体的に対応できるよう必要な社会体制を整備することが求められるということ。

② 個人がさまざまな環境に応じて自己の要求を充足してゆく能力を、福祉における最小の基準とすることができる。これに基づいて、支援者には被支援者がその能力を身につけるために補助することが求められるということ。

③ 個人が環境の変化の影響を受けずに自己のニーズを満たせることを、福祉における最小の基準とすることができる。これに基づいて、支援者には被支援者が自己のニーズを満たすための手助けをすることが求められるということ。

④ 個人が環境の変化の中で感じたニーズを満たすことを、福祉における最小の基準とすることができる。これに基づいて、支援者には被支援者のニーズに応えて満足してもらえるよう尽力することが求められるということ。

⑤ 個人が生活を維持するための経済力を持つことを、福祉における最小の基準とすることができる。これに基づいて、支援者には被支援者に対する金銭的補償にとどまらず、多様な形で援助することが求められるということ。

問五　次に示すのは、本文を読んだ後に、三人の生徒が話し合っている場面である。本文の趣旨を踏まえ、空欄に入る発言として最も適当なものを、後の次の①～⑤のうちから一つ選べ。

教　師――この文章の主題はレジリエンスでしたね。ずいぶん専門的な事例がたくさん挙げられていましたが、ここで説明されていることを、皆さん自身の問題として具体的に考えてみることはできないか、グループで話し合ってみましょう。

生徒A――最初に出てくるヨットのたとえ話は比較的イメージしやすかったな。ここで説明されていることを、もう少し身近な場面に置きかえてみればいいのかな。

生徒B――海の様子しだいで船の中の状況も全然違ってくるという話だったよね。環境の変化という問題は私たちにとっても切実だよ。４段落に「自己の維持」と書かれているけど、このごろは、高校を卒業して新しい環境に入っても、今までのように規則正しい生活習慣をしっかり保ち続けられるかどうか、心配していたところなんだ。

生徒C――そういうことだろうか。この文章では、さまざまに変化する環境の中でどんなふうに目的に向かっていくか、ということが論じられていたんじゃないかな。５段落には「発展成長する動的過程」ともあるよ。こういう表現は何だか私たちのような高校生に向けられているみたいだね。

生徒A――たしかにね。［　　］。

生徒B――なるほど。「動的」ってそういうことなのか。少し誤解してたけど、よくわかった気がするよ。

①　発展とか成長の過程というのは、私は部活のことを考えると納得したな。まったく経験のない競技を始めたけど、休まず練習を積み重ねたからこそ、最後には地区大会で優勝できたんだよ

②　私が部活で部長を引き継いだとき、以前のやり方を踏襲したのにうまくいかなかったんだ。でも、新チームで話し合って現状に合うように工夫したら、目標に向けてまとまりが出てきたよ

③　授業の時間でも生活の場面でも、あくまで私たちの自由な発想を活かしていくことが大切なんだね。

そうすることで、ひとりひとりの個性が伸ばされていくということなんじゃないかな

④　私たちが勉強する内容も時代に対応して変化しているんだよね。だからこそ、決まったことを学ぶだけでなく、将来のニーズを今から予想していろんなことを学んでおくのが重要なんだよ

⑤　環境の変化に適応する能力は大事だと思うんだ。同じ教室でも先生が授業している時と休み時間に友達どうしでおしゃべりしている時とは違うのだから、オンとオフは切り替えなきゃ

問六　この文章の表現と構成について、次の（ⅰ）・（ⅱ）の問いに答えよ。

（ⅰ）この文章の表現に関する説明として適当なものを、次の①～④のうちから一つ選べ。

①　2段落の最初の文と第2文は「としよう」で終わっているが、どちらの文も仮定の状況を提示することで、読者にその状況を具体的に想像させる働きがある。

②　4段落の最後の文の「ここで言う」は、直後の語句が他の分野で使われている意味ではなく、筆者が独自に規定した意味で用いていることに注意をうながす働きがある。

③　6段落の最初の文の「といったときには」は、直前の表現は本来好ましくないが、あえて使用しているという筆者の態度を示す働きがある。

④　8段落の第3文の「あるとされ」は、筆者から患者に対する敬意を示すことで、患者に対しても配慮のある丁寧な文章にする働きがある。

（ⅱ）この文章の構成に関する説明として適当でないものを、次の①～④のうちから一つ選べ。

①　2段落では、レジリエンスについて他者の言葉で読者にイメージをつかませ、3段落では、筆者の言葉で意味を明確にしてこの概念を導入している。

② 5段落と6段落では、3段落までに導入したレジリエンスという概念と、類似する他の概念との違いを詳しく説明し、レジリエンスについての説明を補足している。

③ 4段落、7段落、11段落では、時系列順にそれぞれの時代でどのようにレジリエンスという概念が拡大してきたかを紹介している。

④ 13段落では、これまでの議論を踏まえ、レジリエンスという概念について一般的な理解を取り上げた後、筆者の立場から反論している。

第七講〈問題〉

1 現代社会は科学技術に依存した社会である。近代科学の成立期とされる十六世紀、十七世紀においては、そもそも「科学」という名称で認知されるような知的活動は存在せず、伝統的な自然哲学の一環としての、一部の好事家による楽しみの側面が強かった。しかし、十九世紀になると、科学研究は「科学者」という職業的専門家によって各種高等教育機関で営まれる知識生産へと変容し始める。既存の知識の改訂と拡大のみを生業とする集団を社会に組み込むことになったのである。さらに二十世紀になり、国民国家の競争の時代になると、科学は技術的な威力と結びつくことによって、この競争の重要な戦力としての力を発揮し始める。二度にわたる世界大戦が科学技術の社会における位置づけを決定的にしていったのである。

2 第二次世界大戦以後、科学技術という営みの存在は膨張を続ける。(注1)プライスによれば科学―技術という営みは十七世紀以来十五年で(ア)バイゾウするという速度で膨張してきており、二十世紀後半の科学技術の存在は(注2)GNPの二パーセント強の投資を要求するまでになってきているのである。現代の科学技術は、かつてのような思弁的、宇宙論的伝統に基づく自然哲学的性格を失い、A先進国の社会体制を維持する重要な装置となってきている。

3 十九世紀から二十世紀前半にかけては科学という営みの規模は小さく、にもかかわらず技術と結びつき始めた科学―技術は社会の諸問題を解決する能力を持っていた。「もっと科学を」というスローガンが説得力を持ち得た所以である。しかし二十世紀後半の科学―技術は両面価値的存在になり始める。現代の科学―技術では、自然の仕組みを解明し、宇宙を説明するという営みの比重が下がり、実験室の中に天然では生じない条件を作り出し、そのもとでさまざまな人工物を作り出すなど、自然に介入し、操作する能力の開発に重点が移動している。その結果、永らく人類を脅かし苦しめてきた病や災害といった自然の脅威を制御できるようになってきたが、同時に、科学―技術の作り出した人工物が人類にさまざまな災いをもたらし始めてもいるのである。科学―技術が恐るべき速度で生み出す新知識が、われわれの日々の生活に商品や製品として放出されてくる。いわゆる「(注3)環境ホルモン」や地球環境問題、先端医療、情報技術などがその例である。Bこうして「もっと科学を」というスローガンの説得力は低下し始め、「科学が問題ではないか」という新たな意識が社会に生まれ始めているのである。

4 しかし、科学者は依然として「もっと科学を」という発想になじんでおり、このような「科学が問題ではないか」という問いかけを、科学に対する無知や誤解から生まれた情緒的反発とみなしがちである。ここからは、素人の一般市民への科学教育の充実や、科学啓蒙プログラムの展開という発想しか生まれないのである。

5 このような状況に一石を投じたのが科学社会学者の(注4)コリンズとピンチの『ゴレム』である。ゴレムとはユダヤの神話に登場する怪物である。人間が水と土から創り出した怪物で、魔術的力を備え、日々その力を増加させつつ成長する。人間の命令に従い、人間の代わりに仕事をし、外敵から守ってくれる。しかしこの怪物は不器用で危険な存在でもあり、適切に制御しなければ主人を破壊する威力を持っている。コリンズとピンチは、現代では、科学が、全面的に善なる存在か全面的に悪なる存在かのどちらかのイメージに引き裂かれているという。そして、このような分裂したイメージを生んだ理由は、科学が実在と直結した無謬《むびゅう》の知識という神のイメージで捉えられてきており、科学が自らを実態以上に美化することによって過大な約束をし、それが必ずしも実現しないことが幻滅を生み出したからだという。つまり、全面的に善なる存在というイメージが科学者から振りまかれ、他方、(注5)チェルノブイリ事故や(注6)狂牛病に象徴されるような事件によって科学への幻滅が生じ、一転して全面的に悪なる存在というイメージに変わったというのである。

6 コリンズとピンチの処方箋は、科学者が振りまいた当初の「実在と直結した無謬の知識という神のイメージ」を科学の実態に即した「不確実で失敗しがちな向こう見ずでへまをする巨人のイメージ」、つまりcゴレムのイメージに取りかえることを主張したのである。そして、科学史から七つの具体的な実験をめぐる論争を取り上げ、近年の科学社会学研究に基づくケーススタディーを提示し、科学上の論争の終結がおよそ科学哲学者が想定するような論理的、方法論的決着ではなく、さまざまなヨウ(イ)インが絡んで生じていることを明らかにしたのである。

7 彼らが扱ったケーススタディーの一例を挙げよう。一九六九年に(注7)ウェーバーが、十二年の歳月をかけて開発した実験装置を用いて、(注8)重力波の測定に成功したと発表した。これをきっかけに、追試をする研究者があらわれ、重力波の存在をめぐって論争となったのである。この論争において、実験はどのような役割を果たしていたかという点が興味深い。追試実験から、ウェーバーの結果を否定するようなデータを手に入れた科学者は、それを発表するかいなかという選択の際に(ウ)ヤッカイな問題を抱え込むのである。否定的な結果を発表することは、ウェーバーの実験が誤りであり、このような大きな値の重力波は存在しないという主張をすることになる。しかし、実は批判者の追試実験の方に不備があり、本当はウェーバーの検出した重力波が存在するということが明らかになれば、この追試実験の結果によって彼は自らの実験能力の低さを公表することになる。

8 学生実験の場合には、実験をする前におおよそどのような結果になるかがわかっており、それと食い違えば実験の失敗がセン(エ)コクされる。しかし現実の科学では必ずしもそうはことが進まない。重力波の場合、どのような結果になれば実験は成功といえるかがわからないのである。重力波が検出されれば、実験は成功なのか、それとも重力波が検出されなければ、実験は成功なのか。しかしまさに争点は、重力波が存在するかどうかであり、そのための実験なのである。何が実験の成功といえる結果なのかを、前もって知ることはできない。重力波が存在するかどうかを知るために、「優れた検出装置を作らなければならない。しかし、その装置を使って適切な結果を手に入れなければ、装置が優れたものであったかどうかはわからない。しかし、優れた装置がなければ、何が適切な結果かということはわからない……」。コリンズとピンチはこのような循環を「実験家の悪循環」と呼んでいる。

9 重力波の論争に関しては、このような悪循環が生じ、その存在を完全に否定する実験的研究は不可能であるにもかかわらず(存在、非存在の可能性がある)、結局、有力科学者の否定的発言をきっかけにして、科学者の意見が雪崩を打って否定論に傾き、それ以後、(注9)重力波の存在は明確に否定されたのであった。つまり、論理的には重力波の存在もしくは非存在を実験によって決着をつけられていなかったが、科学者共同体の判断は、非存在の方向で収束したということである。

10 コリンズとピンチは、このようなケーススタディーをもとに、「もっと科学を」路線を批判するのである。民主主義国家の一般市民は確かに、原子力発電所の建設をめぐって、あるいは遺伝子組み換え食品の是非についてなどさまざまな問題に対して意思表明をし、決定を下さねばならない。そしてそのためには、一般市民に科学に「ついての」知識ではなく、科学知識そのものを身につけさせるようにすべきだ、と主張される。しかしこのような論争を伴う問題の場合には、どちらの側にも科学者や技術者といった専門家がついているではないか。そしてこの種の論争が、専門家の間でさえ、ケーススタディーが明らかにしたように、よりよい実験やさらなる知識、理論の発展あるいはより明晰な思考などによっては必ずしも短期間に解決できないのであり、それを一般市民に期待するなどというのはばかげていると主張するのである。彼らはいう。一般市民に科学をもっと伝えるべきであるという点では、異論はないが、伝えるべきことは、科学の内容ではなく、専門家と政治家やメディア、そしてわれわれとの関係についてなのだ、と。

11 科学を「実在と直結した無謬の知識という神のイメージ」から「ゴレムのイメージ」(=「ほんとうの」姿)

でとらえなおそうという主張は、科学を一枚岩とみなす発想を掘り崩す効果をもっている。そもそも、高エネルギー物理学、ヒトゲノム計画、古生物学、工業化学などといった一見して明らかに異なる領域をひとしなみに「科学」となぜ呼べるのであろうか、という問いかけをわれわれは真剣に考慮する時期にきている。

12 Dにもかかわらず、この議論の仕方には問題がある。コリンズとピンチは、一般市民の科学観が「実在と直結した無謬の知識という神のイメージ」であり、それを「ゴレム」に取り替えよ、それが科学の「ほんとうの」姿であり、これを認識すれば、科学至上主義の裏返しの反科学主義という病理は(オ)イやされるという。しかし、「ゴレム」という科学イメージはなにも科学社会学者が初めて発見したものではない。歴史的にはポピュラーなイメージといってもよいであろう。メアリー・シェリーが『フランケンシュタインあるいは現代のプロメテウス』を出版したのは一八一八年のことなのである。その後も、スティーブンソンの『ジキル博士とハイド氏』、H・G・ウェルズの『モロー博士の島』さらにはオルダス・ハクスリーの『すばらしき新世界』など、科学を怪物にたとえ、その暴走を危惧するような小説は多数書かれており、ある程度人口に膾炙《かいしゃ》していたといえるからである。

13 結局のところ、コリンズとピンチは科学者の一枚岩という「神話」を掘り崩すのに成功はしたが、その作業のために、「一枚岩の」一般市民という描像を前提にしてしまっている。一般市民は一枚岩的に「科学は一枚岩」だと信じている、と彼らは認定しているのである。言いかえれば、科学者はもちろんのこと、一般市民も科学の「ほんとうの」姿を知らないという前提である。では誰が知っているのか。科学社会学者という答えにならざるを得ない。科学を正当に語る資格があるのは誰か、という問いに対して、コリンズとピンチは「科学社会学者である」と答える構造の議論をしてしまっているのである。

（小林傳司「科学コミュニケーション」による）

注1　プライス――デレク・プライス（一九二二〜一九八三）。物理学者・科学史家。
注2　GNP――国民総生産（Gross National Product）。GNI（国民総所得 Gross National Income）に同じ。
注3　環境ホルモン――環境中の化学物質で、生体内でホルモンのように作用して内分泌系をかく乱するとされるものの通称。その作用については未解明の部分が多い。
注4　コリンズとピンチ――ハリー・コリンズ（一九四三〜）とトレヴァー・ピンチ（一九五二〜）のこと。『ゴレム』は、一九九三年に刊行された共著である。
注5　チェルノブイリ事故――一九八六年四月二十六日、旧ソ連にあったチェルノブイリ原子力発電所の四号炉で起きた溶解、爆発事故のこと。
注6　狂牛病――BSE（Bovine Spongiform Encephalopathy　ウシ海綿状脳症）。牛の病気。脳がスポンジ状になって起立不能に陥り、二週間から半年で死に至る。病原体に感染した家畜の肉や骨から製造された人工飼料（肉骨粉）によって発症・感染した可能性が指摘されている。一九八六年、イギリスで最初の感染牛が確認された。
注7　ウェーバー――ジョセフ・ウェーバー（一九一九〜二〇〇〇）。物理学者。
注8　重力波――時空のゆがみが波となって光速で伝わる現象。一九一六年にアインシュタインがその存在を予言していた。
注9　重力波の存在は明確に否定された――ウェーバーによる検出の事実は証明されなかったが、二〇一六年、アメリカの研究チームが直接検出に成功したと発表した。

問一　傍線部（ア）〜（オ）の漢字と同じ漢字を含むものを、次の各群の①〜⑤のうちから、それぞれ一つずつ選べ。

（ア）バイゾウ
① 細菌バイヨウの実験
② 印刷バイタイ
③ 裁判におけるバイシン制
④ 事故のバイショウ問題
⑤ 旧にバイしたご愛顧

（イ）ヨウイン
① 観客をドウインする
② ゴウインな勧誘に困惑する
③ コンイン関係を結ぶ
④ インボウに巻き込まれる
⑤ 不注意にキインした事故を防ぐ

（ウ）ヤッカイ
① ごリヤクがある
② ツウヤクの資格を取得する
③ ヤクドシを乗り切る
④ ヤッキになって反対する

⑤ ヤッコウがある野草を探す

（エ）センコク

① 上級裁判所へのジョウコク

② コクメイな描写

② コクビャクのつけにくい議論

④ コクソウ地帯

⑤ 筆跡がコクジした署名

（オ）イやされる

① 物資をクウユする

② ヒユを頻用する

③ ユエツの心地を味わう

④ ユチャクを断ち切る

⑤ キョウユとして着任する

問二 傍線部Ａ「先進国の社会体制を維持する重要な装置となってきている」とあるが、それはどういうことか。その説明として最も適当なものを、次の①〜⑤のうちから一つ選べ。

① 現代の科学は、伝統的な自然哲学の一環としての知的な楽しみという性格を失い、先進国としての威信を保ち対外的に国力を顕示する手段となることで、国家の莫大な経済的投資を要求する主要な分野

へと変化しているということ。

② 現代の科学は、自然の仕組みを解明して宇宙を説明するという本来の目的から離れて、人々の暮らしを自然災害や疾病から守り、生活に必要な製品を生み出すことで、国家に奉仕し続ける任務を担うものへと変化しているということ。

③ 現代の科学は、「科学者」という職業的専門家による小規模な知識生産ではなくなり、為政者の厳重な管理下に置かれる国家的な事業へと拡大することで、先進国間の競争の時代を継続させる戦略の柱へと変化しているということ。

④ 現代の科学は、「もっと科学を」というスローガンが説得力を持っていた頃の地位を離れ、世界大戦の勝敗を決する戦力を生み出す技術となったことで、経済大国が国力を向上させるために重視する存在へと変化しているということ。

⑤ 現代の科学は、人間の知的活動という側面を薄れさせ、自然に介入しそれを操作する技術により実利的成果をもたらすことで、国家間の競争の中で先進国の体系的な仕組みを持続的に支える不可欠な要素へと変化しているということ。

問三 傍線部B「こうして『もっと科学を』というスローガンの説得力は低下し始め、『科学が問題ではないか』という新たな意識が社会に生まれ始めているのである。」とあるが、それはどういうことか。その説明として最も適当なものを、次の①～⑤のうちから一つ選べ。

① 二十世紀前半までの科学は、自然の仕組みを知的に解明するとともに自然の脅威と向き合う手段を提供したが、現代における技術と結びついた科学は、自然に介入しそれを操作する能力の開発があまりにも急激で予測不可能となり、その前途に対する明白な警戒感が生じつつあるということ。

② 二十世紀前半までの科学は、自然哲学的な営みから発展して社会の諸問題を解決する能力を獲得したが、現代における技術と結びついた科学は、研究成果を新商品や新製品として社会へ一方的に放出する営利的な傾向が強まり、その傾向に対する顕著な失望感が示されつつあるということ。

③ 二十世紀前半までの科学は、日常の延長上で自然の仕組みを解明することによって社会における必要度を高めたが、現代における技術と結びついた科学は、実験室の中で天然では生じない条件の下に人工物を作り出すようになり、その方法に対する端的な違和感が高まりつつあるということ。

④ 二十世紀前半までの科学は、その理論を応用する技術と強く結びついて日常生活に役立つものを数多く作り出したが、現代における技術と結びついた科学は、その作り出した人工物が各種の予想外の災いをもたらすこともあり、その成果に対する全的な信頼感が揺らぎつつあるということ。

⑤ 二十世紀前半までの科学は、一般市民へ多くの実際的な成果を示すことによって次の段階へと貪欲に進展したが、現代における技術と結びついた科学は、その新知識が市民の日常的な生活感覚から次第に乖離するようになり、その現状に対する漠然とした不安感が広がりつつあるということ。

問四　傍線部C「ゴレムのイメージに取りかえることを主張したのである」とあるが、それはどういうことか。その説明として最も適当なものを、次の①～⑤のうちから一つ選べ。

① 全面的に善なる存在という科学に対する認識を、超人的な力を増加させつつ成長するがやがて人間に従属させることが困難になる怪物ゴレムのイメージで捉えなおすことで、現実の科学は人間の能力の限界を超えて発展し続け将来は人類を窮地に陥れる脅威となり得る存在であると主張したということ。

② 全面的に善なる存在という科学に対する認識を、水と土から産み出された有益な人造物であるが不器

用な面を持ちあわせている怪物ゴレムのイメージで捉えなおすことで、現実の科学は自然に介入し操作できる能力を獲得しながらもその成果を応用することが容易でない存在であると主張したということ。

③ 全面的に善なる存在という科学に対する認識を、魔術的力とともに日々成長して人間の役に立つが欠陥が多く危険な面も備える怪物ゴレムのイメージで捉えなおすことで、現実の科学は新知識の探求を通じて人類に寄与する一方で制御困難な問題も引き起こす存在であると主張したということ。

④ 全面的に善なる存在という科学に対する認識を、人間の手で創り出されて万能であるが時に人間に危害を加えて失望させる面を持つ怪物ゴレムのイメージで捉えなおすことで、現実の科学は神聖なものとして美化されるだけでなく時には幻滅の対象にもなり得る存在であると主張したということ。

⑤ 全面的に善なる存在という科学に対する認識を、主人である人間を守りもするがその人間を破壊する威力も持つ怪物ゴレムのイメージで捉えなおすことで、現実の科学は適切な制御なしにはチェルノブイリ事故や狂牛病に象徴される事件を招き人類に災いをもたらす存在であると主張したということ。

問五 傍線部D「にもかかわらず、この議論の仕方には問題がある。」とあるが、それはなぜか。その理由として最も適当なものを、次の①〜⑤のうちから一つ選べ。

① コリンズとピンチは、「ゴレム」という科学イメージを利用することによって、初めて科学の「ほんとうの」姿を提示し科学至上主義も反科学主義も共に否定できたとするが、それ以前の多くの小説家も同様のイメージを描き出すことで、一枚の岩のように堅固な一般市民の科学観をたびたび問題にしてきたという事実を、彼らは見落としているから。

② コリンズとピンチは、さまざまな問題に対して一般市民自らが決定を下せるように、市民に科学をもっ

と伝えるべきだと主張してきたが、原子力発電所建設の是非など、実際の問題の多くは「科学者」という職業的専門家の間でも簡単に解決できないものであり、単に科学に関する知識を伝えるだけでは、市民が適切に決定を下すには十分でないから。

③ コリンズとピンチは、科学を裂け目のない一枚の岩のように堅固なものと見なしてきたそれまでの科学者を批判し、古生物学、工業化学などといった異なる領域を一括りに「科学」と呼ぶ態度を疑問視しているが、多くの市民の生活感覚からすれば科学はあくまでも科学であって、実際には専門家の示す科学的知見に疑問を差しはさむ余地などないから。

④ コリンズとピンチは、歴史的にポピュラーな「ゴレム」という科学イメージを使って科学は無謬の知識だという発想を批判したが、科学者と政治家やメディア、そして一般市民との関係について人々に伝えるべきだという二人の主張も、一般市民は科学の「ほんとうの」姿を知らない存在だと決めつける点において、科学者と似た見方であるから。

⑤ コリンズとピンチは、これまでの科学者が振りまいた一枚の岩のように堅固な科学イメージを突き崩すのに成功したが、彼らのような科学社会学者は、科学に「ついての」知識の重要性を強調するばかりで、科学知識そのものを十分に身につけていないため、科学を正当に語る立場に基づいて一般市民を啓蒙していくことなどできないから。

問六　この文章の表現と構成・展開について、次の（ⅰ）・（ⅱ）の問いに答えよ。

（ⅰ）この文章の第1〜8段落の表現に関する説明として適当でないものを、次の①〜④のうちから二つ選べ。

① 第1段落の「『科学者』という職業的専門家」という表現は、「科学者」が二十世紀より前の時代では

一般的な概念ではなかったということを、かぎ括弧をつけ、「という」を用いて言いかえることによって示している。

② 第5段落の「このような状況に一石を投じた」という表現は、コリンズとピンチの共著『ゴレム』の主張が当時の状況に問題を投げかけ、反響を呼んだものとして筆者が位置づけているということを、慣用句によって示している。

③ 第6段落の「コリンズとピンチの処方箋」という表現は、筆者が当時の状況を病理と捉えたうえで、二人の主張が極端な対症療法であると見なされていたということを、医療に関わる用語を用いたたとえによって示している。

④ 第8段落の「優れた検出装置を〜。しかし〜わからない。しかし〜わからない……」という表現は、思考が循環してしまっているということを、逆接の言葉の繰り返しと末尾の記号によって示している。

(ii) この文章の構成・展開に関する説明として適当でないものを、次の①〜④のうちから一つ選べ。

① 第1〜3段落では十六世紀から二十世紀にかけての科学に関する諸状況を時系列的に述べ、第4段落ではその諸状況が科学者の高慢な認識を招いたと結論づけてここまでを総括している。

② 第5〜6段落ではコリンズとピンチの共著『ゴレム』の趣旨と主張をこの文章の論点として提示し、第7〜9段落で彼らの取り上げたケーススタディーの一例を紹介している。

③ 第10段落ではコリンズとピンチの説明を追いながら彼らの主張を確認し、第11段落では現代の科学における多様な領域の存在を踏まえつつ、彼らの主張の意義を確認している。

④ 第12段落ではコリンズとピンチの議論の仕方に問題のあることを指摘した後に具体的な事例を述べ、第13段落ではコリンズとピンチの主張の実質を確認して、筆者の見解を述べている。

第八講〈問題〉

[1]翻訳文学とは何であるのか。外国文学が翻訳されれば、それがただちに翻訳文学と化すわけではない。海外の文学が翻訳されて日本人読者に供される。それが、日本文学とまったく同じようにではないにしても、やはり「文学」として読まれ、「文学」として流通していく。まずこれが、翻訳文学の満たすべき第一条件である。さらに翻訳文学という語感には、そうして「文学」として読まれた海外文学が、日本の文学や文化に、さらには日本語表現に確かな波動を及ぼして、時にそれらの流れや仕組みを変えるような影響力を発揮することへの、予感や期待のごときものもまた含まれているだろう。このように、「文学」として認知され、読まれ、日本文学の流れの中に取りこまれ、それを書き換える可能性を秘めたものを、本書では翻訳文学と呼ぶわけである。

明治維新によって急速な近代化を強いられた日本にとって、翻訳とは、西洋文明に学び、その成果を取り入れて近代国家の骨格を整えるために必要な、国家的事業とさえ言えた。その際に採用されたのは、明治以前に中国文学を翻訳移入したのと同様の方法であった。明治半ばにかけて、国字や国語をめぐる改良論が取り交わされ、英語の国語化、漢字廃止論、ローマ字採用、日本語表記の表音文字化などが喧しく議論された。だが最終的に明治国家は、漢文読み下し文と和文の二重構造からなる日本語で欧文を翻訳していくことで、西欧最新の学識と知識を移入していく道を選び取ったのである。こうして翻訳文献は、近代日本の文学・文化が、西欧近代のそれと切り結んできた諸関係の痕跡をたどる、格好のフィールドワークの場となった。翻訳文学もまた、その例外ではない。かくして翻訳文学研究はわが国の比較文学研究において長らく特権的とさえ言える地位を占めて、今日に至っているのである。

翻訳文学はまず第一に、日本人読者と外国文学とを結ぶ、最も太くかつ重要な回路であった。翻訳文学の体系的な考察を抜きにして、ある外国作家およびその作品が、日本でいかなる運命をたどり、日本近現代文学にいかなる影響を与えたのかを究明することはまず不可能である。

翻訳文学は第二に、「今日当然書かれていなければならぬ文学作品を、言わば翻訳という形で示したもの」（大山定一・吉川幸次郎『洛中書問』、秋田屋、一九四六年）として、［A］役割を担うべきものとしてあった。翻訳文学は同時代の日本文学に、それまで供給されなかった主題や素材をふんだんに提供するとともに、日本文学いや日本にはいまだ根付いていない新しい感性や、新たなものの見方を導入し、新ジャンルや新概念を創出する、有効な［B］として機能していったのである。

翻訳文学は第三に、訳語という形で日本語に新たな語彙をもたらし、言文一致運動の推進力の一つとなるとともに、小説や詩の新文体創成に深く関与していった。西欧の言語表現を受け入れ、日本語の文章の内に取り込んでいく過程で、翻訳文学は自国語の可能性を押し広げ、その限界に挑戦し、新たなる表現や文体の発生を促して、日本語、日本文学、日本文化に生命と活力を与え続けてきたのである。翻訳文学が近代日本にもたらしたこうした可能性の多くが、実は、欧文をその構造をまったく異にする日本語に移し変える過程で避けがたく生じる「差異」や「ずれ」が、日本語の既成の枠組みを激しく揺さぶることを効果として生じたものである点も見逃すべきではない。

今日、翻訳文学を含む翻訳の研究全般において、世界中で隆盛を誇っているのは、翻訳学（translation studies）という学際的な学問領域である。Translation Studies の translation ももちろんそうだが、世界で翻訳が論じられる際に使われる translation（あるいはそれに相当するそれぞれの外国語）は、日本語の「翻訳」よりは、かなり幅の広い語義をもつ。日本語の「翻訳」が二言語間の変換行為とほぼ同義であるのに対して、translation のほうは多くの場合、社会や文化やコミュニケーションの根底にあってそれらを司るものを、日本語の「翻訳」よりは上位にある概念を指す。2それは、「他者」の言語や文化を読解・解釈し、それを自言語や自文化に変換し再構成していく、操作や過程の全般を含む概念なのである。

そのようなtranslationを研究する翻訳学は必然的に、グローバリズム、多文化主義の進行する世界の中で、「他者」の理解と解釈の可能性と方向性を指し示す学問分野となる。翻訳学が成立した一九七〇年代半ば、その拠点の一つがイスラエルであったことからも察せられるように、それは発生学的に、そして本質的に、マイノリティへの視線、マイノリティの側からの発信を基調とする学問領域であった。

翻訳学は、言語や文化の壁を越えて「等価性」(equivalence)がいかに成立するか否か、成立するならそれはいかなる条件下においてであるかを探ることをその基本的テーマとする。すなわち、原文とその翻訳とが、形こそ変われ、等しい価値を持つか持たないかを、そこで作用している規範や法則や条件ともども、考察の対象とするのである。翻訳文学研究もまた、外国文学がいかに自国語において等価のものに移し換えられているか、つまり、外国語文学が、ただの「文学」の翻訳ではなくして、[C]たり得ているか否かを検証しようとする。もちろん、「等価性」とは、特定の時代や空間や文化の構造と無縁に成立するものではないから、翻訳文学が原典の「文学」と等価なものであるかどうかを考えていく上では、原文と翻訳テクストとを取り囲む文化システム双方に対する十分な目配りが欠かせない。こうして、文学、文化、歴史、言語のシステムの内に、確立されたシステムに革新と変化をもたらす潜在力をもったものとして位置づけられてはじめて、翻訳文学は翻訳研究、比較文学・比較文化研究の学問的考察の対象となるのである。

*ロマン・ヤコブソンは、異言語に変換され形が変化しても、なお等価性が成立することを、翻訳における最も根本的なテーゼであると考えた(「翻訳の言語学的側面について」、一九五九年)。等価性の成立要件は、もちろん、時代や社会や文化など、原文および翻訳テクストの外部にのみ求められるものではない。翻訳者が原文を読解し、解釈し、自言語で再現したものを、読者が読み、解釈する。そうした言うなれば内在的な認識・解釈の過程もま

た、十分に考慮に入れなくてはならないのである。(ア)

たとえば、アメリカ文学の古典、*マーク・トゥエーン『ハックルベリー・フィンの冒険』などは、その自由闊達で奔放な語り口調や、ほら話的なユーモアの魅力が、言語・文化の壁に遮られて伝わりにくい――つまり、日本語に翻訳するに際して等価性が成立しにくい――作品の一つの典型であろう。これが*ヘミングウェイの短篇作品なら、その独特の文体が3ショウヘキになって、ただそれを愚直に直訳しただけでは、なかなか文学作品と呼ぶにふさわしい文体にはなってくれない。だが、翻訳の過程でその真価が大幅に損なわれたはずであるにもかかわらず、『ハックルベリー・フィンの冒険』やヘミングウェイ短篇は、わが国の外国文学受容史の中で確固たる位置を占め、日本近現代文学に有形無形の持続的な効力を発揮し続けてきたのである。そうした事実は、主題やヒーロー像の魅力だけで説明し尽くせるものでは、おそらくないだろう。トゥエーンやヘミングウェイのテクストそれぞれの基底に、言うなれば、言語・文化の壁を越えて作用する、「創造的な核」のようなものが秘められていて、そうした創造性の振幅が翻訳のベールを通り越して伝わり、異なる言語・文化を共振させたからだ。そんな風には考えてみることはできないだろうか。(イ)

ここで仮に「創造的な核」と名付けてみたものが原文テクスト内に現れるとき、それは含蓄に富んだ、多様な解釈を許容する表現という形をとるだろう。もちろん、言語化されぬまま、それが原文テクストの空隙や沈黙としてとどまっている場合もある。どちらにしても、それを翻訳することは困難を極めるだろうし、かりに翻訳できたとしても、訳語や訳文が一義的に決定されるとはまず考えにくい。原文のこうした箇所に、解釈の幅を残さぬような訳文を与えてしまうことは、むしろ誤訳とさえ言える。もちろん原文の難所は、それを母語とする読者といえども、容易に解読したり、その意味するところを言い当てたりできるものではない。そうした解釈も翻訳も困難な原文の難所については、翻訳を重ね、他言語でもって繰り返しなぞっていくことくらいしか、その核心に接近していく手立てはないのかもしれない。少なくとも、原文の解釈困難な箇所を、単一言語の枠内に留めることなく、複数言語に向けて開いていくことが、有効な接近手段の一つであることだけは間違いないだろう。原文の「創造的な核」が——あるいはテクストの空隙や沈黙が——異なる言語・文化に共振を引き起こすとしたら、それはまさにこういう[D]な回路を介してでしかない。優れた文学作品はこうして様々に解釈され、多様な言語に翻訳され、読み継がれていく。そうしてその「[4]死後の生」を豊かにし、さらなる成熟を遂げていくのである。

（ウ）

翻訳文学とグローバリズムとの関係を考えていく上で、あらためてその重みを増しているのは、世界文学という概念であろう。今日、すべての日本現代文学は、執筆される時点ですでに、それが翻訳される可能性を、すなわち翻訳されて世界文学市場に並ぶ可能性を内包していると考えられる。現代日本作家は誰もが、程度の差こそあれ、グローバルな世界文学空間に接続しているという意識のもとで筆を進めているはずである。作家のそうした構えは、主題の選択、人物設定から、おそらくはその文体にまで及ぶ。「翻訳される可能性」と、そうした意識、構えとは、表裏一体のものとして、互いに支え合うものとしてあるはずである。実際にその作品がのちに、村上春樹のように世界各国で翻訳されるのか否かは、差し当たって問題ではない。（エ）

比較文学・比較文化研究という学問は、同一事象の切り取り方や経験の仕方は、各言語文化共同体それぞれで異なるという言語文化相対主義的立場を、基本的には拠り所としてきた。その分析手法としては、原文による緻密な読解を通して、テクスト固有の価値と豊かさを味わうという、伝統的な精読の方法を固持し続けてきた。そうした基本姿勢からすれば、翻訳を介して世界文学市場に流通する文学商品のイメージや実態が、非本質的なものとして、ともすれば視野の埒外に置かれてしまうのもやむを得ないことではある。だが今や比較文学は、*デイヴィッド・ダムロッシュの主張するように（『世界文学とは何か？』、二〇〇三年）、翻訳を通じて失われるものではなく、むしろその過程で獲得されるもののほうに、あらためて積極的に向き合う必要があるのではなかろうか。原典と翻訳との間の距離やせめぎ合いをテクストに即してしかと検証しつつも、翻訳文学を介して世界文

学の多様性に参画することの、魅力に満ちた可能性のほうにも、同時に目を向けるべきであるように思われるのである。（オ）

（井上健「序にかえて──翻訳文学への視界──」による）

＊ロマン・ヤコブソン＝ロシア生まれのアメリカの言語学者。
＊マーク・トゥエーン＝アメリカの小説家。
＊ヘミングウェイ＝アメリカの小説家。
＊デイヴィッド・ダムロッシュ＝アメリカの文学者。

問一　傍線部1「翻訳文学とは何であるのか」とあるが、筆者が考える翻訳文学の特徴に当てはまらないものを次の①～⑤から選べ。

① 自国の文学（日本文学）に一定の影響を与え得る。
② 国字や国語の改良論の議論を喚起し得る。
③ 自国の言語（日本語）に新しい表現や文体をもたらし得る。
④ それ自体が一つの「文学」として認識され得る。
⑤ 日本人読者と外国文学をつなぐ回路となり得る。

問二　空欄［A］に入るものとして最適なものを次の①～⑤から選べ。

① 日本の近代化を力強く推し進める

② 西欧の最新動向を幅広く紹介する

③ 成長途上の自国文学の空隙をしばし埋める

④ 西欧文学における欠陥を補う

⑤ 自国文学を創作する際の手本となる

問三　空欄 B に入る語句として最適なものを次の①～⑤から選べ。

①触媒　②比喩　③文体　④論理　⑤理念

問四　傍線部2の指示語「それ」の指示対象として最適なものを次の①～⑤から選べ。

①日本語の「翻訳」　②翻訳文学　③翻訳学

④ translation　⑤社会や文化やコミュニケーションの根底

問五　空欄 C に入る語句として最適なものを次の①～⑤から選べ。

①変換行為　②日本文学　③翻訳文学　④翻訳研究　⑤比較文学

問六　傍線部3「ショウヘキ」を漢字にせよ。

問七　空欄 D に入る語句として最適なものを次の①～⑤から選べ。

①等価的　②再帰的　③恣意的　④論理的　⑤単一的

問八　傍線部４「死後の生」が表す内容として最適なものを次の①～⑤から選べ。

①　作者が残した遺稿の文学的価値を高めるために翻訳を積み重ねていくこと。
②　様々な解釈のもとで、多様な言語に翻訳され、多くの人に享受されていくこと。
③　市場に広く流通させることで作品の商品的な価値のみを高めていくこと。
④　解釈に困難をきたす原文の難所に、あえて解釈の幅を残すように翻訳すること。
⑤　多様な言語の母語話者達の意見を参考にして、理想的な翻訳を作り上げていくこと。

問九　次の一文は、本文中の（ア）（イ）（ウ）（エ）（オ）のいずれかの箇所に入るものである。この一文が入る最適な箇所を次の①～⑤から選べ。

　異なる文化や言語の内に移植され、読まれ、新たな作品を生み出す契機になるという予見や可能性とまったく無縁の地平では、もはや文学の創作もそうした創作の研究も存立しえなくなっている、という点こそが肝心なのである。

①（ア）　②（イ）　③（ウ）　④（エ）　⑤（オ）

MEMO

MEMO

MEMO